Christoph Zöpel

Weltstadt Ruhr

Klartext

1. Auflage Januar 2005
Satz und Gestaltung: Klartext Medienwerkstatt GmbH, Essen
Druck und Bindung: Koninklijke Wöhrmann bv, Zutphen (NL)
© Klartext Verlag 2005
ISBN 3-89861-338-0
www.klartext-verlag.de

Inhalt

Einleitung

I

Ruhr kann eine Weltstadt sein. Kein Zweifel, in Oberhausen-Sterkrade, Herne-Baukau, Dortmund-Huckarde oder Duisburg-Marxloh schütteln viele Menschen verständnislos den Kopf, wenn sie das hören. Und noch weniger Zweifel, in Berlin ist hochnäsiges Lächeln die Reaktion, wenn Bundesministeriale das lesen; für sie ist das Ruhrgebiet ein absteigender Subventionsbittsteller. Und dennoch und gerade deshalb: Nur der Weg zu einer Weltstadt hilft den Millionen Einwohnern zwischen Ruhr und Rhein ihr eigentlich selbstverständliches Ziel doch zu erreichen – lebendige Zukunft für eine sich benachteiligt fühlende alte Industrieagglomeration.

Ruhr, so wie diese Weltstadt zusammenkommen könnte, hat auf der Basis der Daten des Statistischen Jahrbuchs Nordrhein-Westfalen 2003 wie der Städte- und Kreisstatistik Ruhrgebiet 2003 6,414 Millionen Einwohner, eine Fläche von 5.058 Quadratkilometern und damit eine Bevölkerungsdichte pro Quadratkilometer von 1.270 Einwohnern. Das ist weniger als eine Metropolregion Rhein-Ruhr, von Bonn bis Hamm, die 11,079 Millionen Einwohner hat, aber weder politisch noch siedlungsstrukturell Stadt werden dürfte. Das ist aber mehr als der seit dem 1. Oktober 2004 konstituierte Regionalverband Ruhr (RVR) heute mit 5,332 Millionen Einwohnern auf 4.434 Quadratkilometern und damit einer Dichte von 1.203. Düsseldorf und der Kreis Mettmann sollten nämlich zu Ruhr gehören. Und selbstverständlich mehr als der bisherige Kern aneinander grenzender Großstädte, der 3,422 Millionen Einwohner hat, 1.681 Quadratkilometer und eine Dichte von 2.036. Diesen Kern bilden (Stand 31.12.2003) die kreisfreien Städte Dortmund – 591.000 Einwohner, Essen – 589.000 Einwohner, Duisburg – 509.000 Einwohner, Bochum – 389.000 Einwohner, Gelsenkirchen – 275.000 Einwohner, Oberhausen – 221.000 Einwohner, Herne – 174.000 Einwohner, Mülheim – 172.000 Einwohner und Bottrop – 121.000 Einwohner.

Weltstadt-Sein bedeutet am Anfang des 21. Jahrhunderts, des dritten Jahrtausends, global handeln zu können. Global handeln heißt Menschen neugierig in alle Welt gehen zu lassen und Menschen aus aller Welt aufzunehmen – als Rückkehrer mit neuen Erfahrungen, als kommunikationsbereite Gäste, als Zuwanderer mit anderen Eigenschaften. Eine Weltstadt, und damit in Zukunft auch Ruhr, verbindet die Eigenschaften und Erfahrungen all dieser Menschen zu Wissen, produziert so Leistungen und Güter und handelt mit ihnen weltweit. Und weltweit weiß jeder, der auch global so handeln will, dass Ruhr eine solche Weltstadt ist.

Über Ruhr als Weltstadt lässt sich realistisch noch nicht sehr lange nachdenken, reden oder schreiben. Diese faszinierende Möglichkeit ergibt sich aus technologischen und politischen Veränderungen der letzten 15 Jahre. Diese Veränderungen werden auf die Begriffe Globalisierung und Wissensgesellschaft gebracht. Auch die Perspektiven der bevölkerungsreichen Agglomerationen, der Metropolen, der Millionenstädte haben sich dabei verändert. Sie können Weltstadt oder »Global City« genannt werden, entsprechend einem so betitelten Buch der US-amerikanischen Soziologin Saskia Sassen aus dem Jahre 1991. Saskia Sassen beschreibt dabei New York, London und Tokio, dazu Paris: Das sind die »Großen Vier« der Weltstädte. Als Weltstädte oder Global Cities haben Agglomerationen neue Funktionen in einer globalen Gesellschaft, sie können sie als Chance ergreifen – oder sie verpassen.

Ruhr ist eine solche Agglomeration. Seit die Schwerindustrie Ende der 50er Jahre an ökonomischer Bedeutung zu verlieren begann, ist diese Agglomeration auf der Suche nach neuen Chancen und nach gesellschaftlichen, ökonomischen wie politischen Strukturen, die solche Chancen fördern und realisieren. Zum Bewusstsein von Globalisierung führte eine einschneidende weltpolitische Veränderung, der Zusammenbruch der kommunistischen Systeme und dabei der Abstieg der militärischen Weltmacht Sowjetunion. Jetzt konnten weltweite ökonomische Verflechtungen stärker intensiviert werden und technologische Innovationen wurden realisiert: der globale Austausch von Informationen in Stunden-, gar in Minutenschnelle.

Diese Vermehrung von Wissen macht die Wissensgesellschaft aus. Sie hat die Industriegesellschaft abgelöst. Allerdings war es – anders als bei der Globalisierung – nicht ein plötzliches Ereignis von weltpolitischer Bedeutung, das zum Bewusstsein der Wissensgesellschaft führte. Es ist ein kontinuierlicher Prozess, der deshalb nur langsam wahrgenommen, akzeptiert und genutzt wird. Aus der Perspektive technologischer Innovationen lassen sich Globalisierung und Wissensgesellschaft nicht trennen, sie brauchen allerdings soziale Innovationen, um tatsächlich nützlich zu sein. Eine solche soziale, konkreter politische, Innovation ist die Weltstadt Ruhr.

Sicher gab es die Aufgaben und Perspektiven einer Weltstadt in der globalen Wissensgesellschaft für Ruhr noch nicht 1958, als die Kohlenkrise begann, auch nicht 1966, als es in Nordrhein-Westfalen zum Regierungswechsel von einer CDU-geführten zu einer SPD-geführten Landesregierung kam, und bald darauf mit dem »Entwicklungsprogramm Ruhr 1968–1973« ein erster landespolitischer Handlungsplan für das Ruhrgebiet aufgestellt wurde. Es gab sie nur als Vision, als 1968 Heinz Neufang, Verbandsdirektor des Siedlungsverbandes Ruhrkohlenbezirk (SVR), die »Weltstadt Ruhr« präsentierte als »Verdichtung von weltstädtischem Charakter«. Es gab sie real immer noch nicht, als 1979 die Landesregierung die erste Ruhrgebietskonferenz einberief, die zu einem integrierten mehrjährigen Handlungsprogramm führte, mit einem Finanzvolumen von 6,6 Milliarden Mark für die Jahre 1980 bis 1984. Und niemand wollte sie sehen, als es 1990 zur deutschen Vereinigung kam und in der Folge zum Umzug der Bundeshauptstadt aus dem 306.000 Einwohner »kleinen« nordrhein-westfälischen Bonn – 60 Kilometer vom Ruhrgebiet entfernt – in die Metropole Berlin mit 3,4 Millionen Einwohnern.

Das Ende des Ost-West-Konfliktes veränderte die Entwicklungsperspektive des Ruhrgebiets: Politische Hemmnisse für eine beschleunigte Globalisierung waren gefallen, aber gleichzeitig verschob sich Deutschlands Knotenpunkt weltbezogenen politischen Handelns aus der Nähe des Ruhrgebiets in seine weit östlich gelegene zweitgrößte Agglomeration. Inzwischen ist der räumliche Integrationsprozess der Europäischen Union fortgeschritten. Deutschland und mit ihm Berlin sind in die Mitte der Europäischen Union (EU) gerückt. Als Teil globalisierter Märkte hat die EU seit dem 1. Mai 2004 für jetzt 456 Millionen Einwohner einen Binnenmarkt. In diesem neuen historischen Rahmen verschwundener und weiter fallender Grenzen konkurrieren die europäischen Agglomerationen um ihre globalen metropolitanen Funktionen. Hauptstädte wie Paris, London, Berlin mit Millionen Einwohnern haben dabei Vorteile. Ruhr hat dabei Handicaps.

II

Stadt, die griechische Polis, und Politik sind nicht zu trennen. Politik ist eine von drei Leitideen, Stadt zu verstehen. Gewollte politische Ordnung ist in der Stadt entstanden. Der erste Begriff von Politik in einer europäischen Sprache, *politeia*, ist vom Begriff für Stadt abgeleitet. Wenn von Metropolen, also von Weltstädten, die Rede ist, taucht diese Begriffswurzel auch umgangssprachlich auf. Schon das macht ein Plädoyer für die Weltstadt Ruhr wie selbstverständlich politisch. Aber Verständnis und Beurteilung von Politik in Deutschland machen es doch notwendig, auf diese Selbstverständlichkeit noch etwas einzugehen. Das allgemeine diskursive Unbehagen mit politischen Vorgängen hat in Deutschland auch mit dem Wort Politik in der deutschen Sprache zu tun; Schwierigkeiten, die es im Englischen so nicht gibt.

Politik sind alle öffentlichen Angelegenheiten einer Stadt – und später der Reiche und Staaten – von denen ihre Bewohner gemeinsam betroffen sind, die sie gemeinsam interessieren und die sie gemeinsam betreiben oder behandeln wollen. In dieses auf die Stadt bezogene Politikverständnis fließt auch Mitwirkung der Bürger ein, im alten Griechenland jedenfalls der sozial herausgehobenen. Damit wird Politik demokratisch, sie ist nicht despotisches Handeln eines Herrschers, sie befreit von ihm. »Stadtluft macht frei«, hieß es darum im Mittelalter.

Was konkret eine Stadt ist, hängt stark von gemeinsamen Betroffenheiten ab. Für die Agglomeration an Ruhr und Rhein gibt es von außen gesehen wie im Bewusstsein ihrer Bewohner eher mehr wichtige Gemeinsamkeiten, als es Gemeinsamkeiten bezogen auf ihre einzelnen Städte und Gemeinden in ihren derzeitigen Verwaltungsgrenzen gibt. Es ist alltägliche Erfahrung: Von Ruhrgebietsfremden folgt auf die Wohnortauskunft »Dortmund« der Kommentar »Ach im Ruhrgebiet«. Und deshalb antwortet der Dortmunder auf die Frage nach dem »Woher kommen Sie?« gleich »Aus dem Ruhrgebiet«, wenn er nicht zumindest dem Ausländer gegenüber »Aus der Nähe von Köln« sagt.

Policy heißt es im Englischen, wenn eine Gemeinschaft gemeinsam Angelegenheiten regelt, zwischen Ruhr und Rhein zum Beispiel ein integriertes Nahverkehrssystem schafft und betreibt. Dabei wird natürlich um Interessen und um Einfluss sie durchzusetzen gerungen. Auch wenn nahezu jeder ein integriertes Verkehrssystem wünscht, so unterscheiden sich auch dabei die konkreten Interessen von Autofahrern und Autohändlern, Straßenbahnlenkern und DB-Benutzern, älteren Fußgängern und jüngeren Radfahrern, Ruheständlern in der Oberhausener Innenstadt und Berufspendlern im nördlichen Kreis Recklinghausen, Arbeitslosen in Gelsenkirchen-Buer und Millionären in Mülheim-Saarn oder Essen-Kettwig.

Das Austragen dieser Interessen, gebündelt in Verbänden, Vereinen und Gewerkschaften und letztlich ausgeglichen in Parteien, nennt das Englische *politics*; *politics*, das ist das Unedle an der Politik, das gemeint ist, wenn Politikverdrossenheit zum Ausdruck gebracht wird. Das Durchsetzen von Interessen war zu keiner Zeit edel, aber es ist eine Notwendigkeit. Schon früh haben sich Gemeinschaften deshalb feste politische Ordnungen und Rahmen gegeben, um die Interessensauseinandersetzungen, und den damit verbundenen Gebrauch von politischer Macht, berechenbar zu gestalten, das Englische spricht von *polity*.

Das Recht über die Weltstadt Ruhr sagen zu können, was ein jeder will, hat die *polity* des demokratischen Staates mit demokratischen Kommunen zur Voraussetzung. Wenn sie gemeint sind – also die Städte, Gemeinden und Kommunalverbände der Agglomeration, das Land Nordrhein-Westfalen als Träger staatlicher Gewalt gemäß Artikel 30 des Grundgesetzes, die Bundesrepublik Deutschland oder die Europäische Union als verfasste föderale Staatengemeinschaften, dann werden sie in diesem Buch konkret genannt; sie sind nicht beliebige politische Akteure wie es jeder Einzelne und jede Gruppierung sein kann und darf, und »Die Politik« gibt es deshalb schon gar nicht. Auf zwei Ebenen befinden sich diese klaren institutionellen Rahmenbedingungen für Politik in gewollter Auflösung – auf der regionalen und globalen. Ein diffuses Zusammenwirken von zivilgesellschaftlichen Akteuren soll gewaltenteilige Politik ersetzen.

Inzwischen sammelt sich Kritik an der fehlenden Legitimierung von solchen politischen Akteuren auf diesen Ebenen. Sie ist berechtigt. Nichts ersetzt durch demokratische Wahlen erfolgte Legitimierung von Politik, weder in der Stadt, noch in einem Staat, noch zukünftig global. Darum brauchen Stadt, Staat und globale Staatengemeinschaft ihre verfassungsmäßige Ordnung. Die demokratische Verfasstheit von Staat und Kommunen garantiert Meinungsfreiheit, eben auch bezüglich der Weltstadt Ruhr, und in der nordrhein-westfälischen Verfassung sind in Artikel 68 Volksbegehren und Volksentscheide ermöglicht. Veränderungen der landesgesetzlich geregelten gebietlichen Ordnung der Agglomeration an Ruhr und Rhein mit dem Ziel einer einzigen aufgabenstarken Stadt, wie jede andere Veränderung des politischen Rahmens, bedürfen meinungsbildender Diskussionen. Wenn sie nicht den gewählten Gesetzgeber, hier den nordrhein-westfälischen Landtag, erreichen, ist das Volksbegehren der demokratisch vorgegebene Weg.

Übergeordnetes Ziel der Bildung der Weltstadt Ruhr ist eine »bessere Entwicklung« der Agglomeration an Ruhr und Rhein und damit ihrer Bewohner. Was eine »gute Entwicklung« ist, dazu gibt es viele dauerhafte Überzeugungen und Wünsche – allen voran die Abwesenheit von Krieg, dann die Vermeidung privater Gewaltbedrohungen, also von Kriminalität und aktuell von terroristischen Gefährdungen, sicher auch die Garantie demokratischer Menschenrechte. Überwiegend lassen sich diese politischen Ziele und Werte nur noch durch globale Politik oder die Politik der Europäischen Union und der Bundesrepublik Deutschland erreichen. Andere Überzeugungen und Wünsche wechseln im Zeitablauf – vor allem bestimmt durch kontinuierlich neue technologische Möglichkeiten mit Bedeutung für alle Lebensbereiche – von der Erzielung steigender Einkommen über die eigene Bildung und die der Kinder, Gesundheit, Alterssicherung, Lebensverhältnisse im Quartier, in der Stadt, im Umland. Solche Entwicklungsziele sind also konkret und wieder veränderlich zu beschreiben und dann als Entwicklungspolitik umzusetzen. In diesem Sinne ist Politik im oder für das Ruhrgebiet – oder besser: für seine Bewohner – gemeint.

Zur Notwendigkeit einer Verständigung, was demokratische Politik ist, kommt die Notwendigkeit einer Verständigung hinzu, wie gesellschaftliche Entwicklungen beschrieben werden können – ohne durch Nachlässigkeit oder durch Vorsatz Missverständnisse zu erzeugen. Wieder geht es dabei um Begriffe. Fast jede Darstellung vergangener und zukünftiger Entwicklungen der Agglomeration an Ruhr und Rhein arbeitet mit den Begriffen Region und Struktur.

Jenseits klarer fachwissenschaftlicher Definitionen sind sie ziemlich inhaltsleer und deshalb unklar. Region meint räumliche Teile eines Ganzen, Struktur seine Gliederung nach, wie auch immer bestimmten, Gesichtspunkten. Im Begriff der regionalen Struktur, meistens der regionalen Wirtschaftsstruktur, und dann daraus abgeleitet der regionalen Wirtschaftsstrukturpolitik verdichten sich die Unklarheiten zum Nebel. Schon das Ganze muss definiert werden, geografisch als Welt, Erdteil, Land, gesellschaftlich als Sprach-, Religions- oder Wirtschaftsgemeinschaft, politisch als Föderation, Staat oder Kommune. Region mag dann für die Bewohner einer Stadt die nähere Umgebung sein, im Vergleich zu weiteren, bis hin zu globalen Raumbezügen.

Die Alternative Globalisierung versus Regionalisierung – oder auch Lokalisierung – hat diese Perspektive. Ohne allerdings zu bestimmen, wer für den regionalen Raum handelt, vor allem auf der Basis welcher institutionalisierten Ordnung, bleibt die Region etwas Unklares. Struktur kann alle Facetten eines Ganzen beschreiben, die Beschreibung mag eingegrenzt sein auf ökonomische, soziale, kulturelle Zusammenhänge. Letztlich ist Struktur die Beschreibung der Eigenschaften eines gesellschaftlichen Ganzen, das zudem – begriffen als Strukturwandel – im Fluss ist.

Zur Beschreibung und mehr noch zur Erklärung von gesellschaftlichen Entwicklungen eignen sich nur komplexere erzählende wie erklärende Darstellungen. Sie lassen sich mit Zahlen stützen. Oft kann die Kenntnis von in Zahlen erfassten Größen auch langwierige Diskussionen, ja »ideologische« Auseinandersetzungen beenden. Allerdings sprechen statistische Größen niemals für sich allein. Sie bringen Sinn vor allem durch zeitliche oder räumliche Vergleiche.

Aktuell bestimmt der prognostizierte Rückgang der Bevölkerung in den Städten an Ruhr und Rhein die Diskussion um ihre Entwicklungschancen. Es sollte Aufgeregtheiten lindern, wenn erkannt wird, dass die für 2020 prognostizierten Einwohnerzahlen noch immer über denen von 1950 und auch von 1987 liegen. Und auch die besondere Betroffenheit der Ruhrgebiets-Städte sollte sich legen, denn tief greifende Veränderungen der demografischen Entwicklung finden global, europäisch und gesamtdeutsch statt. Die Verringerung der Geburtenrate je Frau und die Steigerung der Lebenserwartung führen weltweit zu einer Verlangsamung des Bevölkerungswachstums mit nur zeitversetzt unterschiedlichen Veränderungsraten, wie die Weltbevölkerungsberichte des Bevölkerungsfonds der Vereinten Nationen (UNFPA) zeigen.

Bevölkerungsprognosen sind vielleicht im ersten Jahrzehnt des 21. Jahrhunderts das herausragende Beispiel des aufklärenden wie verwirrenden Umgangs mit Zahlen. Aber viele Argumente bei der Diskussion um die Weltstadt Ruhr gehören auch dazu. Nordrhein-Westfalen sei bei Bildung einer Millionenstadt Ruhr als Land gefährdet, lautet eines. 18,1 Millionen Einwohner weniger 6,4 Millionen Einwohner der Weltstadt Ruhr sind 11,7 Millionen Einwohner, nicht viel weniger als die 12,4 Millionen Einwohner Bayerns. Das gilt auch für die Existenzfähigkeit des Landschaftsverbandes Westfalen-Lippe. Das heutige Westfalen, als geschichtliche Verlängerung einer 1815 gebildeten preußischen Provinz Teil-Namensgeber des Landes, hat 8,5 Millionen Einwohner. Vermindert um den »westfälischen« Anteil der Stadt Ruhr von 3,4 Millionen Einwohner bleiben 5,1 Millionen »Westfalen« übrig – mehr als Luxemburg, Malta, Estland, Slowenien, Lettland, Dänemark, Finnland, Irland, Litauen oder Zypern Einwohner haben, also als zehn der 25 EU-Mitgliedsstaaten, aber auch mehr als Bremen, Saarland, Hamburg, Mecklenburg-Vorpommern, Berlin, Brandenburg, Rheinland-Pfalz, Sachsen, Sachsen-Anhalt, Schleswig-Holstein und Thüringen, also mehr als elf der 16 deutschen Länder.

Die Weltstadt Ruhr hätte mit 6,4 Millionen Einwohnern nicht viel weniger als die Schweiz mit 7,2 Millionen. In der Schweiz gibt es 21,6 Prozent Ausländer, in Ruhr elf Prozent. Aber die Schweiz und das Ruhrgebiet – das lässt sich ja nicht vergleichen! Die Schweiz ist anders, vor allem reicher. Sie hat Berge und sie hat keine Kohle- und Stahlindustrie. Nicht alles lässt sich ändern, selbst die gigantischsten Bergehalden im Revier werden die Alpen nicht ersetzen – die Bewohner der Städte im Ruhrgebiet wollen das wohl auch nicht. Die Schweizer dagegen wollen keine Kohlezechen. Aber sonst – es lohnt sich im Hinblick auf eine Weltstadt Ruhr die Indikatoren zu kennen, die ein reiches, mehrsprachiges und multikulturelles Land bestimmen.

III

Wohl jeder Autor historischer und zeitgeschichtlicher Analysen wie zukunftsgerichteter Betrachtungen hat dazu auch biographische Bezüge. Die Geschichte und die Möglichkeiten gerade des eigenen durchaus wechselnden Lebensraums drängen sich auf, fern bleibende Räume erschließen sich nur dem darauf durch Studium Spezialisierten. Angesichts globalisierter gesellschaftlicher Prozesse wundert sich die Geschichtswissenschaft neuerdings vermehrt, wie wenig sie an weltgeschichtlicher Analyse geleistet hat, eben weil auch der einzelne Historiker nicht die Welt mit allerorts gleicher Gründlichkeit kennt.

Offengelegte biografische Bezüge zur Weltstadt Ruhr können und sollen helfen, dieses Buch zu verstehen. 1943 in Gleiwitz, im heutigen Polen, geboren habe ich, wie viele in das Ruhrgebiet Zugewanderte, den biographischen Hintergrund des oberschlesischen, also des zweiten von Preußen angestoßenen Industriereviers. Die Schulzeit in Minden vermittelte westfälische wie preußische Bezüge. 1966 wechselte ich meinen Studienort von Berlin an die Ruhr-Universität Bochum und erlebte bald streikende Bergarbeiter mit ihren schwarzen Fahnen. 1972 wurde ich Mitglied des nordrhein-westfälischen Landtags. Dort votierte ich 1974 innerhalb der SPD-Fraktion bei den Entscheidungen zur Gebiets- und Verwaltungsreform für einen Stadtverband Ruhr, damit blieb ich mit etwa einem Drittel der Fraktion in der Minderheit. In Vorbereitung des Wechsels im Amte des Ministerpräsidenten von Heinz Kühn zu Johannes Rau war ich, damals Minister für Bundesangelegenheiten, mit Fritz Halstenberg an der Ideenfindung zur ersten Ruhrgebietskonferenz beteiligt. 1990 beendete ich meine zehnjährige Tätigkeit als Minister für Landes- und Stadtentwicklung und dann für Stadtentwicklung, Wohnen und Verkehr, zu der die Initiierung der Internationalen Bauausstellung Emscher-Park (IBA) gehörte, und wurde in den Bundestag gewählt. Dort arbeite ich im Bereich der Außenpolitik, wie es immer noch offiziell heißt, wiewohl sie in der Realität Teil europäischer und globaler Politik ist. Ein Vortrag mit 15 Thesen am 4. September 2001 in Essen auf Einladung der Führungsakademie für Wohnungswirtschaft führte die »ruhrgebietspolitischen« und die »globalpolitischen« Erfahrungen und Einsichten zusammen. »Als ›Global City‹ künftig Weltgeltung erlangen« titelte die Westdeutsche Allgemeine Zeitung, »Als vernetzte Stadt könnte das Ruhrgebiet zur Modellmetropole der globalen Wissensgesellschaft werden« die Frankfurter Allgemeine Zeitung bald darauf erscheinende schriftliche Fassungen. Vieles, was seit dem in Nordrhein-Westfalen, in Europa und global geschehen ist, bestärkt die dabei aufgezeigten Chancen.

IV

Die 15 Thesen aus dem Jahr 2001 bestimmen die Kapitel dieses Buches. Nur die Reihenfolge ist geändert. Die ersten beiden Kapitel sollen zeigen, welche kurzfristig entwicklungsfähigen Weltstadtpotenziale schon heute vorhanden sind. Dann wird in fünf Kapiteln beschrieben, wodurch Agglomerationen wie das Ruhrrevier bislang gehindert waren, eine große Stadt zu werden. Es folgt als Drittes mit vier Kapiteln die Darstellung der historischen Veränderung hin zur globalisierten Wissensgesellschaft mit einer neuen europäischen Stadt. Der vierte Teil in wiederum vier Kapiteln zeigt die konkreten Schritte hin zur Stadt Ruhr und ihre kontroverse Bewertung.

V

Das Buch ist das Ergebnis persönlicher Erfahrungen im politischen wie im lebensweltlichen Alltag und fachlicher Erkenntnisse. Zitierte Erkenntnisse anderer werden im Text deutlich. Es ist auch das Ergebnis vieler Gespräche zur Entwicklung der Agglomeration an Ruhr und Rhein, durch Jahrzehnte und aktuell. Nennen möchte ich vor allem Karl Ganser, der mir im Herbst 1978, damals war er Direktor der Bundesanstalt für Raumforschung und Landeskunde in Bonn, wertbezogen und informativ Mut machte, politisch für eine zukunftsorientierte Entwicklung des Ruhrgebiets zu arbeiten. Wir blieben verbunden, nachdem er Abteilungsleiter im von mir seit 1980 verantworteten Ministerium für Stadtentwicklung wurde und 1988 Direktor der IBA. Heute blickt er leider etwas resigniert auf das Ruhrgebiet. Nennen möchte ich Wolfgang Roters, Ulrich Sierau, Wolfgang Lieb, Hartmut Häußermann, Ulrich Steger. Bei der Arbeit an diesem Buch hat mir vor allem Christoph Hagedorn geholfen, auch Lars Graf und Katrin Werblow haben mich unterstützt. Allen Genannten sei dafür gedankt. Und selbstverständlich ist keiner für den Inhalt dieses Buches verantwortlich, wo er die Dinge anders sieht.

Teil I

Weltstadt Ruhr:
Das entwicklungsfähige Potenzial

1. Kann die Agglomeration an Ruhr und Rhein wirklich zur Weltstadt Ruhr werden?

In der globalen Wissensgesellschaft können Agglomerationen Weltstädte mit historisch neuen ökonomischen Funktionen werden. Wo Agglomerationen diese Aufgaben wahrnehmen und gar meistern, sind sie politisch als große Städte verfasst. Es gibt kein Beispiel, wo Regionen entsprechende Aufgaben tatsächlich zu erfüllen vermögen, Metropolregionen tragen den Namen der Stadt, die zur Metropole geworden ist und umgeben sie. Für die Agglomeration an Ruhr und Rhein stellt sich also als erstes die Frage: Erfüllt sie bereits Funktionen einer Weltstadt?

Verglichen mit den »Großen Vier« unter den »Global Cities«, also New York, London, Paris, Tokio, ließen sich jetzt Defizite aneinander reihen, die die Hypothese von der Weltstadt Ruhr ad absurdum führen. Dies gilt aber auch für Berlin und jede andere Stadt der EU – außer London und Paris – wie für Moskau und St. Petersburg. Bevor deshalb über Defizite zu sprechen ist, soll nach Maßstäben gesucht werden für einen Vergleich mit anderen Metropolen weltweit, in Europa und in Deutschland. In einem solchen Vergleich können Defizite zu realistischen Herausforderungen werden. Sie bestehen in der Entwicklung weltstadtgeeigneter Potentiale, nämlich Umschlagplatz für Wissen, Standort für global agierende Unternehmen, Integrationsraum für Zuwanderung sowie Erlebnis- und Kommunikationsort für Kultur und Freizeit zu sein.

Maßstäbe

An welchen anderen Weltstädten ist Ruhr zu messen? Ruhr ist keine Hauptstadt und keine Seehafenstadt. Ruhr ist in Europa die größte Stadt, die beide Funktionen nicht hat. Wenn auch weniger groß, ist nur die oberschlesische Industrieagglomeration vergleichbar. In europäisch dominierten Teilen der Erde findet sich eine solche Stadt eigentlich nur in Brasilien: Sao Paulo. Die Dimensionen Sao Paulos übertreffen die von Ruhr bei weitem. Bemerkenswert aber ist, dass Sao Paulo einen tief greifenden sektoralen Strukturwandel hinter sich hat, von einer fast monostrukturierten »Kaffee-Stadt« zu einer Weltstadt mit einer hoch differenzierten Angebotspalette von Gütern und Leistungen. So konnte sie den Niedergang der Kaffeeproduktion in den 1930er Jahren überstehen und krisenfest werden. Dabei ist Sao Paulo eine äußerst multiethnische, multikulturelle Stadt geworden.

In den hoch entwickelten Staaten ist keine mit Ruhr vergleichbare große Stadt zu finden. So wendet sich die Suche Hafenstädten mit Millionen Einwohnern zu und findet Chicago und Los Angeles, wobei diese Weltstadt zwar am Pazifik liegt, ihre Hafenfunktionen aber unterentwickelt blieben. Los Angeles ist für Dirk Bronger, der in einer fundierten Analyse die Metropolisierung der Erde 2004 unter dem Titel »Metropolen, Megastädte, Global Cities« beschrieben hat, die wesentliche Vergleichsagglomeration für die »Stadtregion Rhein-Ruhr«. Er kommt zu dem Schluss, Los Angeles sei eine Metropole, Rhein-Ruhr nicht. Gerade wenn man dieser Feststellung nicht folgen kann, sind die Kriterien des Vergleichs, die Bronger anlegt, wichtig.

Als formale und immer diskussionswürdige Abgrenzungskriterien einer Metropole nennt er die Mindestgröße von einer bis fünf Millionen Einwohnern bezogen auf einen Gesamtraum mit einer Mindestdichte von 2.000 Einwohnern pro Quadratkilometer und eine monozentrische Struktur.

Das erste Kriterium erfüllt Ruhr mit 6,4 Millionen Einwohnern, auch der RVR hat 300.000 Einwohner mehr als fünf Millionen. Anders ist es mit der Dichte, die in Ruhr 1.270 betragen würde. Bei diesem Indikator sind schnell statistische Spielereien möglich. Der Kern, also die kreisfreien Städte des RVR, hat eine ausreichende Dichte mit 2.036, und auch deutlich mehr als eine Million Einwohner, nämlich 3,4 Millionen. Ist damit der Kern des Ruhrgebiets eher eine Metropole als der RVR insgesamt oder eine Stadt Ruhr, die Düsseldorf und den Kreis Mettmann einschließt? Ein Vergleich mit anderen deutschen Metropolen zeigt, dass sie generell einen verdichteten Kern haben und schnell an Dichte verlieren, um so weiter die Region um sie herum gezogen wird. Das hat zu tun mit der doch im globalen Vergleich bemerkenswert deutlichen Zäsur zwischen kompakter Stadt und dünn besiedelter umgebender Landschaft.

Erkennbar wird dies bei den Metropolregionen, die in Deutschland im Rahmen der Raumordnungspolitik abgegrenzt werden. Als besonders signifikant werden Frankfurt und München dargestellt. Beide haben einen verdichteten Kern, München bei 1,228 Millionen Einwohnern mit einer Dichte von 3.955, Frankfurt bei 641.000 Einwohnern von 2.582. Werden Überlegungen des Bundesamtes für Bauwesen und Raumordnung folgend um diese Städte Regionen gebildet, so hat die Region München/Oberbayern dann bei 4,138 Millionen Einwohnern eine Dichte von 236, Frankfurt/Rhein-Main entsprechend 4,128 Millionen Einwohner und 429 an Dichte. Wird die Region München enger abgegrenzt, hat sie nur 2,483 Millionen Einwohner und immer noch nicht mehr als 451 an Dichte. In Deutschland gibt es keinen europaweit ausstrahlenden Verflechtungsraum, der vier Millionen Einwohner erreicht und eine Dichte hat, die deutlich mehr als ein Drittel der von Ruhr beträgt. Das erlaubt schon den Schluss, dass in Deutschland nur Ruhr eine Stadt mit mehr als fünf Millionen Einwohnern werden kann.

Es macht allerdings Sinn, Vergleiche mit den anderen deutschen Metropol-agglomerationen zu ziehen. Bongert, eine Studie von Gödecke-Stellmann / Kuhlmann aus dem Jahre 2000 nutzend, definiert sechs solche Metropolagglo-merationen – zu denen Ruhr nicht gehört.

- Berlin   3,74 Millionen Einwohner
- Hamburg   2,02 Millionen Einwohner
- München   1,69 Millionen Einwohner
- Köln   1,41 Millionen Einwohner
- Frankfurt   1,21 Millionen Einwohner
- Stuttgart   1,18 Millionen Einwohner

Jede dieser um je eine Stadt gelagerten Agglomerationen lässt sich mit Ruhr ver-gleichen. Stichwortartig sind vorteilige oder nachteilige Besonderheiten:
- Berlin ist Bundeshauptstadt und die mit Abstand bevölkerungsreichste deut-sche Stadt. Sie hat die Teilung vor 1989 noch nicht überwunden. Stärker als in allen anderen deutschen Städten werden hier soziale Disparitäten deutlich, als Folge der Deindustrialisierung wie, damit eng verwoben, des zentralwirtschaft-lichen Systems in der früheren Hauptstadt der DDR. Den sozialräumlichen Wandel analysieren 2002 Hartmut Häußermann und Andreas Kapphan in »Berlin: von der geteilten zur gespaltenen Stadt?«
- Hamburg ist ein Stadtstaat. Es hat den größten deutschen Seehafen. Außer-städtischer Faktor für den Freizeitwert sind Nord- und Ostsee. Hamburg hat den höchsten Bruttoverdienst je Kopf aller Länder.
- München ist Hauptstadt Bayerns, des zweitgrößten Landes der Bundesrepub-lik. Es hat die meisten Forschungseinrichtungen. Außerstädtischer Faktor für den Freizeitwert sind die Alpen.
- Köln ist die größte Stadt Nordrhein-Westfalens. Sie zählt zur Metropolregion Rhein-Ruhr. Köln hat die Perspektive, eine europäische Metropole zu sein, auch wenn es Ruhr als Stadt gäbe.
- Frankfurt ist Sitz der Europäischen Zentralbank und Sitz der drei größten deutschen Banken. Hier befindet sich der mit Abstand größte deutsche Flug-hafen. Obwohl Frankfurt relativ klein ist, verfügt es über wesentliche Global-City-Funktionen. Mit einer Internationalen Bauausstellung Frankfurt Rhein Main soll die Stärkung der Metropolregion angegangen werden.
- Stuttgart ist Hauptstadt Baden-Württembergs, des drittgrößten Landes der Bundesrepublik. Sie lebt von der Wirtschaftskraft dieses Landes.
    In globaler Relation bestehen hingegen europäische Beschränkungen, die sich bei nicht mehr wachsender Bevölkerung auch nicht ändern lassen. Ändern lässt sich die Betrachtungsweise von monozentrischen Strukturen. Dirk Bronger

begründet den Ausschluss der Metropolregion Rhein-Ruhr auch mit ihrer fehlenden funktionellen Dominanz. Diese fehlende funktionelle Dominanz belegt er damit, dass das Ruhrgebiet als Kern der Rhein-Ruhr-Region sogar über keinerlei zentrale Verwaltung verfügt, sondern »von außen (Münster, Arnsberg, Düsseldorf) regiert wird«.

Mit diesen allgemeinen Wegweisern wird der funktionelle Vergleich zwischen Ruhr und der »Los Angeles – Long Beach – St. Ana Urbanized Area« umso aufschlussreicher. Die Grunddaten bevorzugen Los Angeles:

11,789 Millionen Einwohner	zu 6,414
4.320 Quadratkilometer Fläche	zu 5.058
2.729 Einwohner je Quadratkilometer an Dichte	zu 1.270.

Zusammengefasst: Los Angeles hat das Doppelte an Einwohnern bei gleicher Fläche.

Bronger beschreibt dann die funktionalen Dimensionen:

Firmensitze der globalen Transnationalen Konzerne:
Los Angeles	7
Ruhr	9

Firmensitze von Transnationalen Konzernen:
Los Angeles	16
Ruhr	29

Hauptsitze der 500 größten Banken:
Los Angeles	5
Ruhr	4

Internationale Messen:
Los Angeles	27
Ruhr	36

Flughäfen:
Los Angeles	5
Ruhr	2

Ein Vergleich der Passagierzahlen vernachlässigt die unterschiedliche Bedeutung des Flugverkehrs im dichter besiedelten kleinräumigen Europa und dem dünner besiedelten großräumigen Nordamerika. Ohne jeden Zweifel hat Ruhr ein Vielfaches an Passagieren im InterCity-Bahnverkehr.

Es mag überraschen, trotz der doppelten Einwohnerzahl hat Los Angeles weniger »Global City-Funktionen« als Ruhr. Das erlaubt den Schluss, dass Ruhr es potenziell mit allen Weltstädten im europäisch-nordamerikanischen Raum aufnehmen kann – außer mit den Hauptstädten London, Paris und zukünftig wohl auch Moskau sowie New York. Innerhalb der Europäischen Union verlieren Hauptstädte an politischer Bedeutung. Das gibt Ruhr andere Chancen. In die globale Wissensgesellschaft haben die europäischen Städte der hoch entwickelten Staaten noch einmal ihren Entwicklungsvorsprung, den sie seit der Renaissance und der Aufklärung errungen hatten, hinübergerettet. Diese globale Wissensgesellschaft wird eine multipolare Ordnung haben und multilingual sein. Im Blick darauf verschärfen sich Unterschiede zwischen dem alten Europa und den USA. Europa hat gelernt, dass es multikulturell und multilingual ist, nationalistische Engstirnigkeit wird zunehmend anachronistisch. Die USA tun sich schwer, angelsächsische Dominanz, spürbar in ihrer Annahme, alle Welt spräche Englisch, zu überwinden. Bislang werden diese Unterschiede in Europa zu wenig gesehen.

Defizite

– Ruhr ist keine Hauptstadt und Ruhr ist keine Seehafenstadt – das lässt sich nicht ändern.
– Ruhr ist keine einheitlich verwaltete Stadt – das liegt daran, dass es Ruhr noch nicht gibt. Ruhr aber ist funktionell bereits besser ausgestattet als Los Angeles, das lässt sich entwickeln.
Ruhr hat mit Los Angeles die defizitäre Gemeinsamkeit, keine Stadt bedeutsamer überörtlicher politischer Funktion zu sein. Hauptstadt der USA ist Washington, Kaliforniens Sacramento. In San Franzisko finden eher globalpolitische Treffen statt als in Los Angeles – das allerdings 1980 Olympische Spiele ausrichten konnte. Schnell lassen sich gegenüberstellend Berlin, Düsseldorf und Bonn nennen – aber nach Ruhr kamen nicht die Olympischen Spiele 2012, obwohl es mehr leistungsfähige Sportstadien als jede andere europäische Stadt hat. Seine gewollte Benachteiligung ist das Fehlen von Standorten für Bundes-, EU- oder UN-Einrichtungen. Vielleicht lässt sich die Nachbarschaft zur UN-Stadt Bonn nutzen. Und die Entfernung von Brüssel nach Paris und Ruhr ist etwa gleichweit.

Der intermetropolitane Vergleich anderer Standortqualitäten lässt im Blick auf Ruhr das Bild vom halbleeren und oder halbvollen Glas zu. Das halbvolle Glas signalisiert, dass etwas vorhanden ist, das halbleere darf nicht Anlass zur Resignation, sondern muss Herausforderung sein. Die vorhandenen Potenziale lassen sich in die vier Bereiche gliedern:
– Umschlagplatz für Wissen,
– Standort für global agierende Unternehmen,
– Integrationsraum für Zuwanderung und
– Erlebnis- und Kommunikationsort für Kultur und Freizeit.

Wenn Ruhr in der globalen Wissensgesellschaft seine Geschichte entdeckt und Beispiel einer neuen europäischen Stadt wird, erweitern sich diese Potenziale. Die Wissensgesellschaft wird neue Unternehmen und neue Arbeitsplätze entstehen lassen, Weltstädte sind dafür als Standort besonders geeignet. Globalisierung kann die Aufgaben des Integrationsraumes für Zuwanderung erweitern, er sollte zum Vermittlungsplatz für Sprachen werden. Die einzigartige baugeschichtliche Verbindung von vorindustrieller und industrieller Geschichte in einer Weltstadt steigert die Attraktivität des kulturellen Erlebnis- und Kommunikationsortes. Das Gelingen der neuen europäischen Stadt kann sie zu einem Umschlagplatz für Stadtentwicklungswissen machen.

Umschlagplatz für Wissen

Wissen ist: Wissensproduktion, Wissensvermittlung, Wissensanwendung. Wissensproduktion geschieht durch universitäre, außeruniversitäre und privatwirtschaftliche Forschung. Wissensvermittlung hat ihre Binnen- und ihre Außenwirkung. In der Stadt richtet sie sich auf die Schule und Lebenslanges Lernen, nach außen auf den Austausch von Forschern und den Austausch von Produkt- und Leistungsinformationen, vor allem auf Messen. Wissensanwendung ist die Entwicklung immer neuer Güter und Leistungen, einschließlich neuer Produktions- und Bearbeitungsverfahren. Beispiele für all diese Wissensfunktionen gibt es in der Realität und im Bewusstsein des Ruhrgebiets vielfältig.

Die Zusammenführung der Messen in Düsseldorf, Essen und Dortmund ergäbe die größte Messe der Welt, so meinen zumindest die Messe-Direktoren. Vielleicht kennen die Rektoren der Universitäten Bochum, Dortmund und Essen dieses globale Gewicht der Ruhrgebiets-Messen nicht. Sie aber haben im Spätsommer 2004 eine gemeinsame Repräsentanz in New York eröffnet – globales wissensgesellschaftliches Handeln. Gerade waren sie noch mit der per Landesgesetz vorgeschriebenen Zusammenlegung der Universitäten Essen und Duisburg befasst. Angeblich, weil diese Universitäten zu klein waren. Im Wintersemester 2002/2003 hatten die staatlichen Universitäten Bochum 34.143 Studierende, Dortmund 24.278, Düsseldorf 24.835, Duisburg 14.914, Essen 20.662, die Fernuniversität Hagen 42.659. Harvard hat 6.000 Studenten.

Nach Florian Coulmas hat die Weltstadt Tokio 116 Universitäten, Ruhr hat etwa zehn kleinere Hochschulen und fünf staatliche Universitäten. Vielleicht sind sie mit die größten der Welt. Aber das ist ein falsches Ziel, auch wenn die bayerische Staatsregierung für München ähnliches durch Zusammenschluss der Universitäten anstrebt. Eine Weltstadt Ruhr entsteht nicht durch den Zusammenschluss von Universitäten – daran kann sich nur die Administration des

NRW-Wissenschaftsministeriums austoben. Die Weltgeltung gelingt durch das Vernetzen von eigenverantwortlicher wissenschaftlicher Excellence in einer Stadt und ihrer globalen Vernetzung.

Ruhr hat mehr Universitäten und Hochschulen sowie mehr Studierende als jede andere deutsche Metropole: Ruhr 200.154, Berlin 139.251, Hamburg 71.320, München 87.226, Köln 85.589, Frankfurt 53.724, Stuttgart 31.912. Die Zahl der Universitäten ist – wie gezeigt – relativ.

Ein Umschlagplatz für Wissen lebt dann von den außeruniversitären Forschungseinrichtungen. Im Jahr 2000 nannte das nordrhein-westfälische Ministerium für Wissenschaft und Forschung: drei Max-Planck-Institute, vier Fraunhofer-Institute und vier »Blaue Liste«-Institute. Das Land selbst hat zehn außeruniversitäre Institute gegründet. Hier besteht ein Zusammenhang mit der Benachteiligung Nordrhein-Westfalens. Von den 77 Max-Planck-Instituten sind elf in Nordrhein-Westfalen, eben nur drei davon im Ruhrgebiet, ein weiteres in Düsseldorf.

Im Vergleich haben Berlin fünf, Hamburg fünf, München fünf. Der Standort München ist um die Standorte Garching, Martinsried und Andechs zu ergänzen, mit zusammen sieben Max-Planck-Instituten.

Standort für global agierende Unternehmen

Die bemerkenswert gute Position bei großen Unternehmen, die beim Exportweltmeister Deutschland notwendig außenhandelsorientiert sein müssen, zeigt Brongers Vergleich mit Los Angeles. Die Aufstellung der größten deutschen Unternehmen bestätigen das. Exemplarisch sei die Liste des Handelsblatts vom 24.8.2004 genannt: Ruhr ist unter den ersten 100 15-mal vertreten, Berlin fünfmal, Hamburg elfmal, München sechsmal, Frankfurt sechsmal. Unter den ersten 50 ist Ruhr zwölfmal, unter den ersten 20 siebenmal. Die größten fünf Unternehmen sind Metro in Düsseldorf, E.On in Düsseldorf, RWE in Essen, Thyssen in Duisburg und Aldi in Mülheim.

Es gibt auch differenzierendere Statistiken. Im August 2004 veröffentlichte die Zeitschrift »Euro« eine Studie des Instituts Empirica Delasasse über die fünf wichtigsten Standorte der zwölf wichtigsten Branchen in Deutschland. Ruhr einschließlich Düsseldorf ist fünfte in der Logistik, zweite in der Telekommunikation, nicht vertreten bei Auto, Elektronik und Versicherungen, dritte bei Banken, fünfte bei Chemie, erste und dritte bei Energie, erste bei Unternehmensberatungen, erste bei Werbeagenturen, dritte und fünfte bei Zeitungen und Zeitschriften.

Integrationsraum für Zuwanderung

Agglomerationen mit ihren Millionen Einwohnern sind durch Zuwanderung entstanden. Sie werden nur Weltstädte sein, wenn sie weiter Zuwanderung wollen. Das ist wohl das unpopulärste Thema bei der Auseinandersetzung mit einer weltstädtischen Rolle von Ruhr. Und noch unpopulärer wird das Thema, wenn die Herkunftsländer möglicher Zuwanderer realistisch gesehen werden. Es sind nicht mehr die Osteuropäer, also die Szepans, Kuzorras, Burdenskis, Wilczoks und Katzors – die ersten drei Schalker Fußballer, die beiden letzten ehemalige Oberbürgermeister von Bottrop und Essen –: Es sind, wie schon seit den 1960er Jahren, Türken; es könnten Araber, ja Schwarzafrikaner sein, auch Chinesen wie Inder kommen in Frage. Die Gründe für diese Herkunftsländer hängen zusammen mit den Motiven für Auswanderung und mit den Geburtenraten.

Die Geburtenraten in den östlichen Nachbarländern Deutschlands beziehungsweise der EU sind von 1980 auf 2002 gesunken: Nach der Untersuchung »Recent demographic developments in Europe« des Europarats sanken die Geburten je Frau statistisch in Russland von 1,86 auf 1,32, in Polen von 2,26 auf 1,24, in Rumänien von 2,49 auf 1,26 und in der Ukraine von 1,95 auf 1,10. Debatten über Immigration nach Deutschland wegen der Osterweiterung der EU entbehren der demographischen Basis.

Anders die Nachbarn im Süden, die Länder Nordafrikas und Westasiens; überwiegend muslimische Länder. Der signifikante Rückgang dort findet auf einem höheren Niveau statt: in Ägypten von 5,3 auf 3,5, in der Türkei von 4,4 auf 2,5, im Iran von 5,3 auf 2,6 und – mit der bislang niedrigsten Geburtenrate eines islamischen Landes außerhalb früherer Republiken der Sowjetunion – in Tunesien von 5,0 auf 2,3. Tunesien dürfte vermutlich schon in den nächsten zehn Jahren den Wert von 2,13 – die Geburtenrate um einen gleich bleibenden Bevölkerungsstand zu haben – unterschreiten. Hier zeigt sich, dass auch außerhalb Europas das Bevölkerungswachstum nachlässt und zum Stillstand kommen kann.

Solange weltweit und in ihren Regionen Städte von der Minderheit, die Dörfer von der Mehrheit der Bevölkerung bewohnt wurden, entstanden Agglomerationen durch Landflucht. In einer verstädterten Welt ungleich verteilten Reichtums und ungleich verteilter sozialer Chancen sind jetzt Armuts- und Chancenausgleichswanderungen dominierend. Die Flüchtlingsströme aus den am wenigsten entwickelten Ländern, vor allem aus Afrika, sind ein nur global und europäisch durch Entwicklungspolitik zu lösendes Problem. Keine der europäischen Städte kann damit ohne nachhaltige Politik der Staatengemeinschaft fertig werden. Was als Herausforderung bleibt ist Chancenausgleichspolitik. Die weltweit abnehmende Geburtenrate hängt zusammen mit der steigenden Alphabetisierung, gerade in den arabischen Ländern, aber auch in Indien. Es wandern also ausgebildete Menschen auf der Suche nach Beschäftigung und Erwerb. Wenn sie das finden, können sie zur ökonomischen Entwicklung ihrer Zielländer und Zielstädte beitragen. Das ist das Handlungsfeld, das sich für Ruhr stellt. Für Nordrhein-Westfalen wird mit einem Zuwanderungssaldo von 37.000 pro Jahr prognostisch gerechnet, ein gutes Drittel davon, 15.000 bis vielleicht auch 20.000, wäre für Ruhr eine gestaltbare Aufgabe.

Die Integration dieser Zuwanderer und ihrer Kinder wird gelingen, wenn sie von Beginn an als wissensbasierte Integration verstanden wird. Das beginnt mit der deutschen Sprache, trifft vor allem die berufsbezogenen Fähigkeiten und endet mit dem Nutzen multikultureller Kontaktmöglichkeiten. Zuwanderer vernetzen Ruhr, damit ist die Kommunikation mit den Zuwanderern keine Einbahnstraße, sondern erlaubt auch den schon länger Eingesessenen neue Kontakte nach außen. Das gelingt um so eher, je mehr nach Qualifizierten, wirtschaftlich aktiven Zuwanderern gefragt wird. Türkische Geschäfte bis hin zu Banken bestimmen schon heute das Bild manches Stadtteils. Nicht »sichtbar« sind Wirtschaftsberatungs- und Ingenieurbüros, die Arabern oder Armeniern gehören. Andere Sprachen und Schriftzeichen im Leben einer Weltstadt können gerade auch ihre Exportfähigkeit stärken.

Die Vergleiche Ruhrs mit der Schweiz und Sao Paulo können informativ sein. Sao Paulo ist durch Zuwanderung zur Weltstadt geworden. Die Schweiz ist ein multilinguales und damit multikulturelles Land. Das hat es der Schweiz ganz sicher leichter gemacht, mit einem Ausländeranteil von 21,6 Prozent zu leben. Das macht die Schweiz zusätzlich attraktiv, weil sie sich als international begreift mit der UNO, der Welthandelsorganisation (WTO) und dem Internationalen Roten Kreuz in Genf, dem Internationalen Olympischen Komitee (IOC) in Lausanne, internationalen Banken in Zürich, dem Weltwirtschaftsforum in Davos. Insgesamt 156 internationale Organisationen haben ihren Sitz hier. Die Schweiz holt in ihre internationalen Hochschulen Ausländer als Lehrer und Studenten. Ulrich Steger, ehemals Bundestagsabgeordneter für Recklinghausen, lehrt dort auf Englisch. Studenten aus dem Ruhrgebiet beginnen derzeit in den Niederlanden zu studieren, auf Niederländisch. Multilingualität hat das Ruhrgebiet vielfältig erreicht, es merken nur nicht alle.

Erlebnis- und Kommunikationsort für Kultur und Freizeit

Entscheidend hängt die räumliche Vernetzung einer großen Stadt auch von Global Events in Kultur und Freizeit ab. Zu den traurigen Ergebnissen zersplitterten Auftretens gehört das Scheitern der Bewerbung um die Austragung der Olympischen Spiele 2012. Ein wenig wurde aus diesem Fehlschlag gelernt. Das koordinierte Vorgehen vor allem von Essen und Bochum zeigt dann doch Erfolge auf dem Weg zur Kulturhauptstadt Europas. Einigermaßen im Spiel ist das Ruhrgebiet bei der Fußballweltmeisterschaft 2006.

Mit diesen Bewerbungen schließt das Ruhrgebiet an zwei Gegebenheiten an, die seine Realität schon lange bestimmen: in Kultur und Sport ist hier etwas los. Obgleich objektive Indikatoren schwierig zu bestimmen sind, treffen die Prädikate dichteste Kulturregion und dichteste Sportregion der Welt am ehesten zu. Für Sport steht exemplarisch die Arena auf Schalke. In der Kultur gibt es seit langem städteübergreifende Institute und Ereignisse. Die Ruhrfestspiele in Recklinghausen haben Tradition. Dazu kommt der Ruf einzelner Theater. Das Schauspielhaus Bochum hat mit hervorragenden Intendanten – Hans Schalla, Peter Zadek, Claus Peymann, Matthias Hartmann – deutsche Spitzenstellung. Die Zeitschrift »Theater heute« setzt es häufig auf Platz eins. 2003 rangierte es auf Platz zwei nach dem Schauspielhaus Düsseldorf – Perspektive für die Ruhrstadt.

Düsseldorf hat eine Opern-Ehe mit Duisburg. Die Oberhausener Kurzfilmtage sind bundesweit seit langem Trendsetter. Das gilt schon lange. Neue Formen der Zusammenarbeit gibt es seit Ende der 1990er Jahre. Die Kultur Ruhr GmbH wurde gegründet. Sie initiierte die RuhrTriennale, die mit Gerard Mortier 2004 ihre dritte Spielzeit hatte. Jürgen Flimm wird sein Nachfolger. Mit diesem Festival gibt es nach den Ruhrfestspielen das zweite Saisonereignis. Das weckt Aufmerksamkeit, muss aber im Verbund des gesamten kulturellen Angebots dazu führen, dass Ruhr global vermittelt: Hier ist kulturell immer etwas los – durchaus wie am Broadway in New York.

Sind dazu Investitionen erforderlich, können sie erheblichen Einfluss auf die Entwicklung von Ruhr, seiner Städte und Stadtteile haben und dies über die Steigerung der Bekanntheit und die Aufbesserung des Images hinaus durch den Bau oder die Erneuerung von Kultur- und Sportstätten und, besonders nachhaltig, Investitionen in die Stadtentwicklung. Das bringt seinen Nutzen bei regelmäßigen Veranstaltungen und bei der dauerhaften Nutzung der Sport- und Kulturstätten.

Events machen noch keine Weltstadt, aber sie sind notwendig. München hat das Oktoberfest, Stuttgart die Cannstädter Wasen, Ruhr die Cranger Kirmes – Cannstadt als Teil von Stuttgart ist überörtlich auch nicht bekannter als Crange, Teil von Ruhr, seit 1975 von Herne, seit 1926 von Wanne-Eickel, seit 1875 des Amtes Wanne, seit dem 15. Jahrhundert selbstständige »Freiheit«. Da die Cranger Kirmes mehr als gut besucht wird, hat sie Ruhr als Werbung gar nicht nötig. Aber vielleicht wäre die »Ruhr-Kirmes« in Crange gut für Ruhr – als »August-Fest« im Jahreskalender zeitlich etwas vor dem Oktober-Fest in München.

Der Vergleich der Besucherzahlen zeigt: 6,5 Millionen in München, 4,3 Millionen in Crange. Es ist realistisch, festzuhalten: Würde in Crange die Fahrt des Ministerpräsidenten gemeinsam mit dem Oberbürgermeister, hier vielleicht im Oldtimer, auf den Festplatz und dann der Bieranstich mit dem Ruf »Glück Auf« bundesweit im Fernsehen gezeigt – Crange wäre Erster.

2. Die globale Vernetzung von Ruhr

Wer kennt warum das Ruhrgebiet?

Selbstverständlich ist das Ruhrgebiet schon heute global vernetzt, durch reisende Menschen, im Außenhandel verkehrende Leistungen und Güter, die Kontakte seiner Hochschulen einschließlich hier studierender Ausländer, Messebesucher, ausländische Besucher von Kultur- und Sportveranstaltungen, die elf Prozent Ausländer, die hier wohnen.

Aber wie ist das Bild des Ruhrgebiets in ihrem Bewusstsein? Ohne Zweifel, das Ruhrgebiet hat ein Imageproblem. Und dafür sind seine »Imagemaker« mitverantwortlich.

Es war nicht schlecht gemeint, als engagierte Öffentlichkeitsarbeiter vor allem beim SVR und KVR das schmuddelige Image der Agglomeration durch ironisierende Übertreibung ins Positive wenden wollten. Aber es musste misslingen. Es gibt einfach zu viele Lebens- und Kommunikationsbereiche, die sich der Ironie verschließen. Dazu gehört besonders exemplarisch der Sport. Wenn über Schalke 04, Borussia Dortmund oder den VfL Bochum – nicht zu vergessen der Meidericher Spielverein Duisburg oder Rot-Weiss Essen, die Mannschaft des Weltmeisters von 1954 Helmut Rahn – als den Mannschaften aus dem Ruhrpott berichtet wird, dann sehen immer noch Millionen Zuhörer und Fernsehzuschauer die Briketts fliegen.

Was Pott meint ist ziemlich klar, auch sprachgeschichtlich, ein großer gerundeter Topf, kein feiner für die Nouvelle Cuisine. Wenn der Pott dampft, wird es nicht schön, nicht einmal gemütlich, sondern eher unangenehm. Bei Gebiet und Revier ist das hintergründiger, aber dass die nicht positiven Assoziationen, die sich mit diesen Worten verbinden, auch jenseits der Bilder stimmen, zeigt der Blick ins Lexikon. In Friedrich Kluges »Etymologischem Wörterbuch der deutschen Sprache« von 1975 ist zu lesen: »Gebiet: Neben Gebot, die alte Ableitung zu gebieten, tritt im 13. Jahrhundert Gebiet zunächst als Befehl. Über Befehlsbereich wird die umfassende Bedeutung Bereich entwickelt«. Ruhr-»Gebiet«, das ist das Fremdbestimmte, der Staat im fernen Berlin und die Konzernvorstände im nicht so fernen Düsseldorf gebieten darüber. Ein gefühlspositiveres Wort ist eigentlich Revier. Es meint: »das am Ufer befindliche, ebenes Land entlang einem Wasserlauf … Diese Bedeutung gelangt« – aus dem Französischen – »an den Rhein und dringt von da als Revier ›Gegend‹ vor« …, es »wurde früh zu Jagdgelände, später zu forstlicher Verwaltungsbezirk. Fachsprachlich ›Bergbaugebiet‹, anfangs lokal begrenzt auf eigentliche Grubengelände«. Soweit zur Bergmannssprache, in der Heeressprache bedeutet Revier »Inneres der Kaserne, daher revierkrank«. Hier hat sich ein eigentlich Schönes bezeichnendes Wort zur Beschreibung nicht öffentlich zugänglicher Räume entwickelt.

Auch eine jüngste Image-Studie des KVR belegt diese Fakten. Als »freie Assoziationen« beim Stichwort Ruhrgebiet nennen bundesweit 44 Prozent Kohle/Stahl/Industrie – im Ruhrgebiet selbst nur noch 24 Prozent – 13 Prozent Ballungsraum, sieben Prozent Ruhrpott/Kohlenpott – intern nur noch ein Prozent – sechs Prozent positiver Wandel, fünf Prozent hoher Grünanteil – intern 16 Prozent – drei Prozent Industriekultur und drei Prozent Fußball.

Ranking

Das Image wird aber auch durch Vergleiche mit anderen Städten oder Regionen geprägt. Dabei sind »Rankings« besonders beliebt. Aktuell und mit hoher bundesweiter Aufmerksamkeit wurden die Zukunftsaussichten der 440 Kreise und kreisfreien Städte in der Studie »Deutschland 2020 – die demographische Zukunft der Nation« des Berlin-Instituts für Weltbevölkerung und globale Entwicklung bewertet. Der Durchschnitt von 22 mit Schulnoten bewerteten Indikatoren gibt Spitzenwerte für Gebietseinheiten in Bayern und Baden-Württemberg, das Ruhrgebiet liegt hinten. Den besten Wert hat der bayerische Landkreis Freising mit 2,73.

Alle Ruhrgebietseinheiten haben Werte über vier, nur der Kreis Wesel liegt besser mit 3,86. Den schlechtesten Wert hat Gelsenkirchen mit 4,86. Düsseldorf und der Kreis Mettmann brächten Ruhr etwas nach oben mit 3,73 bzw. 3,82.

Wie aber stehen die Metropolen da: Berlin 4,14, Hamburg 4,14, München 3,55, Frankfurt 3,73, Köln 3,59 und Stuttgart 3,55.

Quintessenz: Metropolen haben wenig Chancen, Berlin weniger als Hamm – 4,09 – oder Mülheim – 4,05. Das bildet kaum Realität ab.

Bei einem solchen Ranking beeinflussen sich das ganze Land Nordrhein-Westfalen und das Ruhrgebiet gegenseitig. Nordrhein-Westfalen liegt an achter Stelle der 16 Länder mit 3,81 vor allen Stadtstaaten, Bremen ist Schlusslicht mit 4,57. Die Konzentration des Denkens auf schrumpfende Städte führt zu einer verzerrenden Schönmalerei dünn besiedelter Gebiete.

Eine gemeinsame Initiative von McKinsey, Stern, ZDF und AOL hat 2004 nach der Zufriedenheit mit dem Leben am Wohnort gefragt. Hier ist auch Baden-Württemberg vorn mit einer Zustimmung von 82 Prozent, zweiter Hamburg mit 80 Prozent, Nordrhein-Westfalen belegt Rang sieben mit 73 Prozent. Zu den gesondert befragten 15 größten Städten gehören aus Ruhr Düsseldorf mit Rang acht und 75,5 Prozent, Dortmund mit Rang zehn und 69,3 Prozent, Essen mit Rang elf und 68,7 Prozent, Duisburg mit Rang 13 und 59,1 Prozent. Berlin ist

Rang zwölf, Hamburg vier, Frankfurt sieben, Köln drei, Stuttgart eins. Zwischen Zukunftsaussichten und der örtlichen Lebenszufriedenheit gibt es Diskrepanzen, von Berlin abgesehen, das gegenwärtig Imageprobleme hat, die aber dem Touristenboom offenkundig widersprechen.

Und so gibt es immer wieder überraschende Rankings. Empirica Delasasse stellte im Mai 2004 fest, dass Essen die kinderfreundlichste der zwölf größten Städte ist.

Fast nicht mehr praktisch brauchbar ist ein Ranking des Gründungsklimas in deutschen Regionen, das nach Regierungsbezirken aufgeteilt ist. Da findet sich Düsseldorf an 15., Arnsberg an 34. und Münster an 40. und damit letzter Stelle. Wenn auch die ermittelten Werte einen bedeutsamen Namen haben – Total Entrepreneurial Activity (TEA)-Quote – dürften für das Ruhrgebiet daraus kaum Schlüsse zu ziehen sein. Höchstens, dass es Spitzenreiter Hamburg doch nicht schlechter als Mülheim gehen dürfte, in Oberbayern mit München als 26. – pikanterweise gemeinsam mit dem Regierungsbezirk Detmold – doch nicht alles super ist. Der 21. Platz für Berlin überrascht nicht, eher schon der zweite für Gießen.

Im Vergleich mit deutschen Metropolagglomerationen ist Ruhr nicht eindeutig schlecht; dass es förderlich wäre, als Einheit wahrgenommen zu werden, wird fast bei allen Vergleichsanalysen deutlich.

Die globale Vernetzung im Verkehr

Globale Bekanntheit nützt einer Stadt nichts, wenn sie nicht von aller Welt aus erreicht werden kann, und der Besucher innerhalb der Stadt problemfrei »verkehren« kann. Damit ist die Einbindung in den internationalen Luftverkehr erforderlich. Für Ruhr ist sie durch zwei Flughäfen in Düsseldorf und Dortmund gegeben. Beide müssen mit integrativer Wirkung für Ruhr durch Ringverkehre auf der Straße und der Schiene miteinander verbunden sein. Das sind die Ecksteine einer metropolen-bezogenen Verkehrspolitik.

Mit den Flughäfen in Düsseldorf und Dortmund gibt es Probleme, bedingt durch die Lärmbelästigungen startender und landender Flugzeuge. Die bisherigen Mechanismen, mit diesen Problemen umzugehen, entsprechen der industriegesellschaftlichen Umweltschutzpolitik mit zeitlicher und quantitativer Begrenzung der Nutzung. Das hat Dortmund bislang an einer optimalen Auslastung gehindert und schränkt in Düsseldorf vor allem Fernflüge ein.

Auch bei der Darstellung von konzeptionellen Alternativen führt nichts an der Einsicht vorbei, dass Lärmbelästigungen durch Flugverkehr und Weltstadt nicht zu trennen sind, wie massierter Straßenverkehr, häufiger Schienenverkehr und Großveranstaltungen. Die Auslagerung von Flughäfen stößt an funktionelle

Grenzen. Aber es gibt Handlungsmöglichkeiten: Als erstes sind intensivere Anstrengungen für technische Lärmreduzierungen anzustellen. Als zweites folgt die Beachtung der Verkehrsverhältnisse europäischer Metropolen. Verkehrsströme innerhalb Mitteleuropas sind auf die Schiene, auch auf die Fernstraße, verlegbar, Verkehr über größere Entfernungen nicht. Die internationalen Flughäfen sollten also vorrangig für Fernflüge verfügbar sein.

Schließlich bleibt noch die Differenzierung nach Flugzwecken übrig. Urlaubscharterverkehre könnten in Münster/Osnabrück und Paderborn konzentriert werden, Geschäfts- und Kommunikationsverkehr in Düsseldorf und Dortmund, falls diese überlastet sind oder nutzungsbeschränkt bleiben sollten.

Daraus folgt eine Konsequenz für den Schienenverkehr. Ruhr kann sich das Ziel setzen, den besten Bahnhof Europas zu haben. Hier wird seine europäische Mittellage bedeutsam, verbunden mit dem größten Verkehrsaufkommen aller europäischer Metropolen – unter Einschluss des regionalen Umfelds, das bis nach Köln, in die Niederlande und in das Sauerland reicht. Die vorhandene Schieneninfrastruktur prädestiniert Dortmund, den »Ruhr-Hauptbahnhof« anzustreben. Die Fernverkehrsachsen Köln-Düsseldorf-Dortmund, Köln-Wuppertal-Dortmund, linker Niederrhein-Gelsenkirchen-Dortmund, Hamburg-Münster-Dortmund sowie regionale Achsen verknüpfen sich hier.

Innerhalb einer Weltstadt ist die entscheidende Orientierung die Vermeidung von Durchgangsverkehr. Ziel- und Quellverkehr sind Bestimmungsgrößen von Metropolen, Durchgangsverkehr ist das Schicksal dünn besiedelter Räume. Deshalb war auch der Metrorapid in fast jeder Betrachtungsweise ein schwer begreifbarer Irrtum – oder doch begreifbar als Absatzförderung für Thyssen in der korporatistischen Tradition der Montankomplex-Förderpolitik. Wenn ein Bedürfnis nicht besteht, dann das nach einem beschleunigten Verkehr aus Westfalen an den Rhein. Es mag sein, dass auf der stark belasteten Strecke zwischen Düsseldorf und Dortmund ein weiteres Gleispaar nützlich wäre. Das kann konkret finanziert werden, braucht aber keine neuen Namen wie Metrorapid. Ob auf den oder neben den im Ruhrgebiet ja im Überfluss vorhandenen Gleisen neue Bahntechnologien erprobt werden könnten – auch die Magnetschwebetechnik – warum nicht, wenn es sich rechnet oder der Verkehrstechnologieförderpolitik des Bundes oder der EU entspricht.

Geradezu grotesk war die Annahme, eine neue Bahninfrastruktur, die Magnetkissen-Technik, in etwa fünf Jahren in einer dicht besiedelten Stadt parallel zu hoch belasteten Schienen bei laufendem Verkehr installieren zu können. Technikfeindlichkeit konkretisiert sich nicht in der Skepsis gegenüber Erfindungen, sondern in der Verkennung der wechselseitigen Beeinflussung von technischen und sozialen Innovationen.

Innerhalb der Stadt Ruhr muss der Schienenverkehr Vorrang haben in einem einheitlichen, gut verständlichen S- und Stadtbahnsystem. Die Schienen, häufig noch in Privatbesitz, sind dafür vorhanden. Es gibt zwar Defizite in Nord-Süd-Richtung und trotz des Verkehrsverbundes Rhein-Ruhr ist die Vernetzung noch nicht dicht genug; zudem wird das System nicht als Einheit wahrgenommen. Dies sind allerdings einfach zu behebende Mängel, wenn in den Nahverkehrs-Kategorien von Paris, London oder Berlin gedacht würde.

Zwischen Berlin und Ruhr können Fahrzeiten verglichen werden. Dortmund-Düsseldorf dauert mit dem RegionalExpress der Deutschen Bahn 53 Minuten, Hagen-Düsseldorf 43 Minuten, Spandau-Lichtenberg 47 Minuten und Wannsee-Schönefeld 50 Minuten. Zwischen Ruhr und Berlin bestehen schon heute im Zeitaufwand für innerstädtischen Bahn-Regionalverkehr keine Unterschiede.

In einer Weltstadt ergänzen Nahverkehrssystem und Fußgängerfreundlichkeit einander. In New York wird die Frage, auf welche Weise Ziele in Manhattan am günstigsten erreicht werden können, häufig mit »zu Fuß« beantwortet. In Ruhr sollte von jeder Haltestelle der S- oder Stadtbahn ein leicht verstehbares Fußwegsystem ausgehen, das sich durch die Stadtlandschaft bruchlos vernetzt.

Damit bleibt die Bewertung der Straßeninfrastruktur. Sie gilt als unzulänglich, weil das Ruhrgebiet als Region und nicht als Stadt wahrgenommen wird. Als Stadt wäre Ruhr besser in das Fernstraßensystem integriert als München. Es gibt um das gesamte Ruhrgebiet einen Autobahnring, bestehend aus A 1, A 2 und A 3. Es gibt kleinere Inner-Ruhrgebietsringe, wie A 43 und A 44 als Ost-West-Verbindungen zwischen A 45 im Osten und A 3 im Westen. Sowohl die Hellweg-Zone wie die Emscher-Zone lassen sich auf diesen Autobahnen umrunden. Konzeptionell dürfte das eher zufällig entstanden sein – weil in der Landesplanung wie in der Verkehrsplanung Ruhr nicht als Stadt, sondern als dicht besiedeltes Gebiet mit starkem Durchgangsverkehr eingeordnet wird, zu dem starker Ziel- und Quellverkehr hinzukommt. Das Problem des Ruhrschnell- beziehungsweise »Ruhrschleich«-Wegs zeigt das.

Für Berlin, München oder Köln käme niemand auf die Idee, den Durchgangsverkehr zu erleichtern, dieser wird auf die Ringe verlagert. Allerdings: In München ist der Ring im Süden, wo die Reichen wohnen, nicht geschlossen. Der Durchgangsverkehr erreicht das Ruhrgebiet besonders in West-Ost-Richtung, nicht in Nord-Süd-Richtung; hier kann es leichter umfahren werden. So ist es auch im Kern des Ruhrgebiets nicht zu ausreichendem Schnellstraßenausbau in Nord-Süd-Richtung gekommen.

Ruhrgebietstourismus

Auch in Zeiten der virtuellen Kommunikation bleibt die physische Anwesenheit der Besucher aus beruflich-geschäftlichen wie aus Freizeitgründen entscheidendes Kriterium für die räumliche Vernetzung einer Stadt. Die Tourismusstatistik erfasst als wesentlichen Indikator für diese örtliche Attraktivität die Zahl der Übernachtungen. Tagesbesucher sind nur schätzbar. Als ein exemplarisches Ereignis kann das jährliche innerstädtische Open Air Festival »Bochum Total« herangezogen werden. Es hatte im Sommer 2003 in vier Tagen circa 700.000 Besucher, überwiegend zwischen 16 und 35 Jahren.

Eine Imagestudie des KVR 2004 zeigt, dass 62 Prozent der Deutschen ein Interesse an Städtereisen ins Ruhrgebiet haben. Als interessantes Thema wird von 63 Prozent die Kultur genannt, von 40 Prozent Musical und von 31 Prozent die Industriekultur. Bei den industriekulturellen Angeboten liegt Villa Hügel, der Krupp-Sitz, vorn.

Probleme und Schwächen deckte eine Studie von Silke Landgrebe von der Fachhochschule Gelsenkirchen auf. Ruhr konkurriert im Städtetourismus mit anderen Städten – also wieder mit den Metropolen. 2002 war Berlin Spitzenreiter mit 11,0 Millionen Übernachtungen, gefolgt von München mit 6,9 Millionen, Hamburg mit 5,1 Millionen, dem Ruhrgebiet mit 4,6 Millionen, Frankfurt mit 3,9 Millionen, Köln mit 3,3 Millionen, Stuttgart mit 2,1 Millionen. Düsseldorf hat 2,5 Millionen, das Ruhrgebiet und Düsseldorf zusammen also 7,1 Millionen und damit hätte Ruhr Rang zwei in Deutschland – mit deutlichen Perspektiven der Attraktivitätssteigerung. Ein durchaus negatives Moment ist, dass in allgemeinen Statistiken Ruhr nicht vorkommt. In einer Top-20-Rangliste des Instituts der Deutschen Wirtschaft rangiert Düsseldorf auf Rang sieben, Essen auf Rang 18, andere Städte kommen nicht vor. Und das wirft auch ein Licht auf die Marketingbemühungen der Ruhrgebietsstädte.

Silke Landgrebe stellt fest, dass bislang der Ruhrgebietstourismus von den einzelnen Städten nicht als integriertes Reiseziel und auch nicht durch die Besonderheiten des Ruhrgebiets propagiert wird. »Insgesamt ist die Profilierung der Städte durch Vermittlung der Alleinstellungsmerkmale Industriekultur, Events/ Entertainment, Sport und/oder Shopping selten geglückt. Diese imageprägenden Kernbotschaften und Säulen des Tourismus im Ruhrgebiet werden im Internet und in den Broschüren, aber auch im Kundenkontakt durchweg unzureichend vermittelt. Nur wenige Städte scheinen sich bezüglich des Tourismusmarketings als Teil der Gesamterlebnisregion Ruhrgebiet zu begreifen und verzichten darauf, die zentralen Schlüsselelemente von Marketing und Kultur mit großer Strahlkraft einzusetzen. Die RuhrTriennale, Ruhrfestspiele ... und die Route der Industriekultur sind Produkte von hohem integrativem und überregionalem Marketingwert, sie bleiben jedoch weitgehend ungenutzt«.

Sie hat Recht mit ihrer Perspektive: »Vernetzung untereinander – das Ruhrgebiet mit seinen speziellen örtlichen Gegebenheiten als einheitliches Ganzes – dies sollte das Leitbild der Zukunft sein«.

Als wichtiges integratives Event findet die Nacht der Industriekultur statt, die Möglichkeit, die Industriedenkmäler mit speziellen Veranstaltungen zu besuchen. Dazu kommen Hunderttausende von Besuchern.

Teil II

Weltstadt Ruhr:
Zur und aus der Industrieagglomeration

3. Ruhr – eine der Agglomerationen weltweit

Große Städte und Ballungsräume

Die Alternative zur Stadt Ruhr aus der Perspektive der großen Städte der Agglomeration – vor allem Dortmunds und Duisburgs – ist deren eigene großstädtische Bedeutung. Nur diese Großstädte erfahren gegenseitig Bedeutungsverluste durch zu enge Nachbarschaft, was einhergeht mit wenig Umland, und Aufmerksamkeits- und Bedeutungsgewinnen durch Gemeinsamkeiten.

Dortmund und Essen, als fast einwohnergleich größte Städte der Agglomeration, sind, schon verglichen mit Deutschlands größter Stadt Berlin und ihren 3,4 Millionen Einwohnern nicht mehr so auffällig; verglichen mit den größten Agglomerationen der EU, Paris mit 9,645 Millionen und London mit 7,188 Millionen Einwohnern, oder mit Tokio mit 8,28 Millionen und New York mit 8,008 Millionen sind sie fast schon klein und in der Millionenagglomeration Sao Paulo mit 17,8 Millionen würden sie kleinere Teilstädte darstellen.

Die Einwohnerzahlen von New York, London, Paris und Tokio sind dem Statistischen Jahrbuch 2003 entnommen, sie beziehen sich auf die Verwaltungsgrenzen der Stadtgebiete. Die Einwohnerzahl in städtischen Agglomerationen, also in Städten einschließlich ihres Umlands oder auch in baulich in einander wachsenden Städten, kann diese Zahlen zum Teil erheblich übersteigen. Bei gebotener Zurückhaltung mit Blick auf die Abgrenzung und den stadtstrukturellen Zusammenhang derartiger Agglomerationsräume sind hier Zahlen aus den »Globalen Trends« der Stiftung Entwicklung und Frieden 2002 wiedergegeben, die sich auf die Vereinten Nationen (UNO) stützen.

Danach gab es im Jahr 2000 19 Ballungsräume mit mehr als zehn Millionen Einwohnern, keiner davon in Europa, also auch nicht eine Metropolregion Rhein-Ruhr. Spitzenreiter ist Tokio mit 26,4 Millionen Einwohnern, gefolgt von Mexico City mit 18,1 Millionen, Bombay 18,1 Millionen, Sao Paulo 17,8 Millionen und New York mit 16,6 Millionen. Die Agglomeration Sao Paulo besteht aus 37 weiteren Städten und ist 8.053 Quadratkilometer groß, das bedeutet eine Dichte von 2.210. Die Agglomeration New York, die Consolidated Metropolitan Statistical Area, hatte 1999 laut der Brockhaus Enzyklopädie bereits 20,2 Millionen Einwohner und erstreckt sich auf vier Staaten.

Zwischen Ruhr und New York oder Sao Paulo gibt es gravierende Unterschiede, aber Vergleiche sind dennoch nützlich. In dem von ihnen 1993 herausgegebenen Buch »New York – Strukturen einer Metropole« schreiben Hartmut Häußermann und Walter Siebel, New York sei »einzigartig« und »exemplarisch« zugleich.

Wird ihre Verwaltungsstruktur nicht berücksichtigt, rücken die siedlungsgeographischen *und* stadtsoziologischen Phänomene der Ballungsräume oder Agglomerationen in den Vordergrund. Den Fachbegriff Agglomeration gibt es seit Anfang des 20. Jahrhunderts. Vorher waren es nur Städte, die solche Ballungen zu bilden begannen, nicht auch geschichtslos angesiedelte Fabriken und Werkswohnungen. Heute werden diese »Ballungen« Metropolen, Megastädte, Global Cities genannt. Dirk Bronger hat unter diesem Titel die Metropolisierung der Erde 2004 fundiert analysiert.

Die Stadt

Stadt – das sind Häuser, Kommunikation und Politik. In facettenreicher Vielfalt wird die Bedeutung der Stadt für das Selbstverständnis Europas, für seine gesellschaftliche und vor allem ökonomische Entwicklung dargestellt. Herausragend wie exemplarisch dabei ist Max Weber: Die Stadt sei entscheidend gewesen für die ökonomische Entwicklung Europas, so resümiert er weiterhin gültig 1922 in »Wirtschaft und Gesellschaft«.

Die Definitionen für Stadt sind zahlreich. Es macht Sinn, Stadt unter drei Leitideen zu verstehen – baulich, soziologisch, politisch. Dann ist Stadt ein Gefüge von Häusern. Dieses Gefüge von Häusern grenzt sich gegen die Natur ab; der Gegensatz Stadt-Natur charakterisiert vor allem die alte europäische Stadt. Um dieses Gefüge von Häusern kommen Menschen zusammen und sind dort zu Hause. Dann ist diese »gebaute« Stadt der Ort der vielfältigsten Möglichkeiten des sozialen Zusammenwirkens und der sozialen Kommunikation in Arbeit und Freizeit. In Häusern zu Hause sein und mit anderen kommunizieren, das bestimmt das entscheidende Wesensmerkmal der europäischen Stadt – nämlich das Wechselverhältnis zwischen Privatheit und Öffentlichkeit. Und dann ist diese europäische Stadt der Ursprungsort von Politik, wie bereits einleitend gezeigt.

Durch Jahrhunderte war die Stadt für ihre Bewohner überschaubar. Städte mit mehr als 10.000 Einwohnern waren groß, 100.000 Einwohner eine historisch gesehen riesige Ballung. Millionenstädte entstanden erst seit Ende des 18. Jahrhunderts als Folge von Bevölkerungswachstum und Industrialisierung.

Es gibt die Diskussion darüber, ob die europäische Stadt mit der Industrialisierung und dem Bevölkerungswachstum untergegangen ist. Die Antwort lautet in den letzten zehn Jahren immer klarer: Nein! Mit der europäischen Stadt, wie sie seit dem hohen Mittelalter entstanden ist, verbindet sich in europäischer Sicht eine Lebensform. Die Stadt ist als ein selbstverständlicher Begriff in den Alltag und die Gewohnheiten der Europäer eingezogen. Und deshalb wollen sie auch diese Stadt.

Dies gilt, obgleich mit der Industrialisierung der europäischen Gesellschaften sich diese städtische Lebensform radikal änderte. Die Fabrik als industrielle Produktionsstätte konnte in die Stadt nicht städtebaulich harmonisch integriert werden. Städtischer Raum wurde der städtischen Öffentlichkeit entzogen. Für das Ruhrgebiet galt das in besonderem Maße. Es bedurfte des Übergangs von der Industriegesellschaft zur Wissensgesellschaft, um diese siedlungsstrukturellen Verwerfungen zu überwinden. Denn die mit dem Bevölkerungswachstum verbundene Urbanisierung hat die Lebensform der europäischen Stadt fast zu einer allgemeinen Lebensform gemacht. 88 Prozent der deutschen Bevölkerung gelten als Stadtbevölkerung. Damit sind die Unterschiede zwischen Stadt und Land verwischt. Und dabei wurde auch der Gegensatz von vorindustrieller und Industriestadt überwunden. Gerade das macht die Weltstadt Ruhr möglich. Ohne zu schnell neue Begriffe für dauerhaft auszugeben, könnte diese Stadt nach der Industriestadt die Stadt des Wissens sein, zu der sich die europäische Stadt harmonisch fortentwickelt hat. Am Ort der vielfältigen Möglichkeiten der sozialen Kommunikation wurde schon immer Wissen produziert, vermittelt und angewandt.

Kerne und Pole

Von Jahr zu Jahr ihre Einwohnerzahl verdoppelnde Städte sprengten ihre Strukturen und schufen neue. So wurden Dörfer eingemeindet, Vororte als Teile der Städte neu gebaut, Städte wuchsen zusammen. Das hatte besonders auch Einfluss auf den Kern der wachsenden Städte. Umso größer – bezogen auf Bewohner und Fläche – Städte wurden und sind, desto schneller entwickelten sie mehrere Zentren oder Pole.

Das war in Nordamerika – und im 20. Jahrhundert auch in Lateinamerika – weniger politisch bewusst als im »alten« Europa. Historische Kerne hatten jenseits des Atlantiks weniger Bedeutung als in römischen oder kaiserlichen Stadtgründungen. Die Zentren, in Nordamerika Down-Towns, verloren so teilweise gravierend an Bedeutung. Die mehrpolige Metropole wurde zur Selbstverständlichkeit. Allerdings auch Europas große Städte waren vielfach durch Zusammenschlüsse entstanden, auch schon lange vor dem 19. Jahrhundert. In Buda-Pest, zusammengeschlossen 1873, sagt es der Name. Prag hat seit dem Mittelalter die Altstadt und die jüngere Kleinseite. In beiden Hauptstädten verbindet sich die Zweipoligkeit mit einer Funktionsteilung: zwischen Bürgerstadt und monarchischer Stadt. Der habsburgische Herrscher saß in Buda und Kleinseite, die Rathäuser stehen in Pest und in der Altstadt. Die herausragenden europäischen Metropolen Paris und London sind ohne jeden Zweifel mehrpolig, selbst wenn

Fremdenführer für Paris die Ile de la Cité und für London die City mit der Guildhall als historische Kerne, gegründet in der Römerzeit, benennen. Der Besucher hält hingegen vielleicht den Etoile oder den Eiffelturm, den Piccadilly-Circus oder Buckingham-Palace für das Zentrum.

Eingemeindungen und Stadt-Verbände

Wachsende Agglomerationen brauchen aber auch ihren stadtpolitischen Rahmen. In Deutschland vollzog sich in den Jahrzehnten um die Jahrhundertwende eine Eingemeindungswelle. Es gab im Deutschen Reich 188 Eingemeindungsfälle, zumeist in Großstädte, einige Städte, Bochum und Gelsenkirchen, wurden es so. Wichtiger als der Bevölkerungszuwachs war dabei das Flächenwachstum. 90 Prozent der städtischen Flächenzunahme in Deutschland gingen auf Eingemeindungen zurück. Dabei waren diese Eingemeindungen in aller Regel auf den Kern der aufzunehmenden Stadt bezogen – solange bis sich Großstadtgrenzen berührten, im Ruhrgebiet, im Rhein-Main-Gebiet, im Großraum Berlin, im Großraum Hamburg. Städtezusammenschlüsse führten dann auch in Deutschland zu polyzentralen Großstädten. In kleinem Maßstab gilt das für Wuppertal mit den Polen Barmen und Elberfeld; ganz eindeutig ist das gerade heute in Berlin zu erkennen – mit zwei gleichgewichtigen »Haupt«-Zentren – Mitte und Charlottenburg um den Kurfürstendamm – und vielen durchaus siedlungsstrukturell großstädtischen »Neben«-Zentren. Die Eigenständigkeit dieser Zentren findet ihren politischen Rahmen in Bezirken mit Bezirksbürgermeistern an der Spitze.

Dem preußischen Gesetz zur Schaffung von Groß-Berlin vom 27.4.1920 war 1912 die Bildung eines Zweckverbandes vorausgegangen, ebenfalls durch preußisches Gesetz noch im Kaiserreich. Damit war der erste Versuch kommunaler Kooperationsverbände in Ballungsräumen im Fall Berlin bereits nach acht Jahren beendet. Schwieriger war die administrative Situation der zweitgrößten Stadt Deutschlands, für Hamburg. Das Umland der Freien Hansestadt lag in Preußen. Ein Staatsvertrag über gemeinschaftliche Institutionen scheiterte 1928. Es lag zwar nicht im Interesse städtischer Selbständigkeit, dass 1937 ein Reichsgesetz Groß-Hamburg entstehen ließ, in das 31 Städte und Gemeinden – darunter Altona – eingemeindet wurden; es hatte jetzt 1,69 Millionen Einwohner. Hamburg verlor seine Stellung als Freie Reichsstadt. Als es aber nach 1946 Stadtstaat in der Bundesrepublik Deutschland wurde, waren die Entwicklungsmöglichkeiten für die Millionenstadt grundgelegt.

Der Weg eines Städte-Verbandes wurde im Ruhrgebiet eingeschlagen und weitergegangen. 1920 erfolgte die Gründung des Siedlungsverbandes Ruhrkohlenbezirk, der noch heute als Regionalverband Ruhr besteht. Aus Berlin ist, gerade direkt nach Erlass des Groß-Berlin-Gesetzes, eine Weltstadt geworden, aus Hamburg die finanz- und wirtschaftsstärkste deutsche Stadt, aus dem Ruhrgebiet offenkundig beides nicht. Fast stellt sich die Frage, ob nur Haupt- oder Hafenstädte, die schon Ende des 19. Jahrhunderts weltweite Ausstrahlung hatten, Chancen in Zeiten der Globalisierung haben. Für die Antwort ist es zu früh.

Die Diskussion und in einigen Fällen auch die Bildung regionaler Verbände für Ballungsräume hält an – ohne sich als Alternative zur dezentralisierten Großstadt bewährt zu haben. Zusätzlichen Stoff erhält diese Diskussion durch die Stichworte Regionalisierung und Suburbanisierung – das ungeordnete Zerfließen der Städte in das Umland –, bewusst oder unbewusst Alternativen zur Idee der Stadt. Regionalisierung stellt ihre politische Idee in Frage, Suburbanisierung ihre bauliche. Die Diskussion beflügelt entsprechend Überlegungen zur Pluralisierung der politischen Akteure in der Region oder beklagt die Auflösung der europäischen Stadt. Die Erfahrungen Berlins und Hamburgs einerseits, des Ruhrgebiets andererseits hingegen machen es sinnvoll, auch die neuen Bevölkerungs- und Siedlungsentwicklungen in den funktionsfähigen politisch-institutionellen Rahmen der Stadt zu setzen.

Bevölkerungsentwicklung

Agglomerationen sind durch Bevölkerungswachstum seit Mitte des 18. Jahrhunderts entstanden. Ihre Entwicklung, rückblickend wie zukunftsorientiert, kann nur bestimmt werden, wenn gleichzeitig die quantitativen Veränderungen der Bevölkerung richtig erfasst werden. Zu Beginn der Neuzeit, also anfangs des 16. Jahrhunderts, gehörte Paris, zusammen mit Konstantinopel und Neapel, alle zwischen 150.000 und 200.000 Einwohnern, zu den größten Städten Europas. Erst Ende des 17. Jahrhunderts war London an die Spitze gewachsen, es hatte jetzt wie Paris und Konstantinopel über 400.000 Einwohner. Größte deutsche Stadt war zu dieser Zeit Wien, in der Gruppe zwischen 100.000 und 150.000 Einwohner, Hamburg und Berlin hatten zwischen 60.000 und 100.000, Köln, Danzig und Breslau zwischen 40.000 und 60.000 Einwohner. Es ist festzuhalten, dass heute Berlin, Hamburg und Köln die Ränge eins, zwei und vier in der Rangliste einnehmen, eingeschoben hat sich München; Dortmund und Essen liegen nach Frankfurt auf Rang sechs und sieben.

Seit Beginn des 18. Jahrhunderts setzte in Europa ein rapider Anstieg der Bevölkerung ein. Gründe dafür waren vor allem medizinischer Fortschritt und die Sicherung der Ernährungsbasis im Zuge der industriellen Entwicklung, beides Folgen technologischer Innovationen. Sie ermöglichten den Anstieg der Lebenserwartung. Verbunden war diese zunächst biologische Entwicklung mit Wanderungsbewegungen, vor allem in industrielle Zentren, in die Arbeitsmöglichkeiten riefen. Der Anstieg wurde aber schon bald durch das Sinken der Geburtenrate und Auswanderung – vor allem nach Nord- und Südamerika – begrenzt. Im Saldo erlebte Europa westlich des Ural zwischen 1700 und dem Ausbruch des Ersten Weltkriegs einen Bevölkerungsanstieg, ausgehend von etwa 100 bis 120 Millionen Einwohnern. 1800 war eine Zahl von 180 bis 190 Millionen erreicht, 1850 von 265 Millionen, 1900 von 400 Millionen und 1914 von 470 Millionen.

Europa war zu Beginn des 19. Jahrhunderts der am dichtesten besiedelte Teil der Welt, mit etwa 19 Einwohnern auf dem Quadratkilometer, 1900 betrug die Dichte bereits 40. Damit erhöhte sich auch sein Anteil an der Weltbevölkerung von 21 auf 25 Prozent.

Der Bevölkerungsanstieg begann in Großbritannien früher als in Deutschland und war auch stärker, von 1800 bis 1850 wuchs die Bevölkerung von elf auf 21 Millionen in Großbritannien, von 25 auf 32 Millionen in Deutschland; 1914 waren die Zahlen 41 beziehungsweise 58 Millionen. Auch die Großstadt-Entwicklung verlief in Großbritannien früher und schneller. Bereits Anfang des 19. Jahrhunderts hatte London eine Million Einwohner; die Zahl stieg bis 1850 auf 2,5 Millionen und bis 1914 auf über 4,5 Millionen. London war damit die größte Stadt, die es je gegeben hatte.

Auf dem Kontinent verlief diese Entwicklung langsamer und später. Paris übersprang die Millionengrenze 1850, Berlin hatte seinerzeit erst 420.000 Einwohner, die heutigen Ruhr-Großstädte waren Kleinstädte oder Dörfer. Berlin kam um 1875 zu über einer Million, in der gleichen Zeit wurden St. Petersburg und Moskau Millionenstädte. Das bis heute bestehende System von Metropolen mit wenigstens 3,5 Millionen Einwohnern war Ende des 19. Jahrhunderts ausgebildet: London, Paris, Berlin, St. Petersburg, Moskau.

Es ist die entscheidende Frage, ob die Agglomeration an Ruhr und Rhein, die sich erst 1850 zu entwickeln begann, in diesen Kreis von Metropolen stoßen, mit ihnen ein Netz europäischer Weltstädte bilden kann. Eine britische, eine französische, zwei russische und eben ein oder zwei deutsche Städte könnten es sein; ein Vergleich der heutigen Einwohnerzahlen der entsprechenden Länder erlaubt beide Entwicklungen: Großbritannien 59 Millionen, Frankreich 60 Millionen, Deutschland 82 Millionen, Russland 143 Millionen, davon ein großer Teil in Asien lebend. Das fünftgrößte Land Europas, Italien, hat 57 Millionen Einwohner, Rom aber »nur« 2,7 Millionen – das vor dem Ersten Weltkrieg lediglich 550.000 Einwohner erreicht hatte. Spanien hat 41 Millionen Einwohner mit der größten Stadt Madrid, 2,9 Millionen Einwohner reich. Polen hat 39 Millionen Einwohner, seine größte Stadt Warschau 1,6 Millionen, der Ballungsraum 2,3 Millionen. Hier gibt es allerdings das mit dem Ruhrgebiet vergleichbare Industrierevier Oberschlesien in der heutigen Woiwodschaft Slaskie mit 4,8 Millionen Einwohnern und einer Dichte von 393. Ihr Kern um die Hauptstadt Kattowice hat je nach territorialer Abgrenzung 2 bis 2,5 Miillionen Einwohner und eine Dichte von 1.500.

Jetzt aber zur Agglomeration an Ruhr und Rhein. Sie war seit 1815 preußisch. Preußen förderte den Industrialisierungsprozess und seit diesem Jahr bis zum Kriegsausbruch 1914 wuchs die Bevölkerung um das Fünfzigfache – eingebettet in die Steigerung der Einwohnerzahl Preußens von zehn Millionen auf 40 Millionen. Dabei wuchs Essen von 9.000 auf 295.000, Duisburg von 5.000 auf 229.000, mit der Eingemeindung Hamborns auf 331.000; das Dorf Hamborn selbst war zwischen 1870 und seiner Eingemeindung 1911 von 2.000 auf 102.000 Einwohner gewachsen. Dortmund wuchs von 4.000 auf 214.000, Gelsenkirchen von 1.000 auf 170.000, Bochum von 2.000 auf 137.000, Mülheim von 5.000 auf 113.000. Für Düsseldorf sind die Zahlen: 27.000 auf 359.000. Faktoren dieser Steigerungen waren im Verhältnis von etwa 46:42:12 Zuwanderungen, Geburtenüberschuss und Eingemeindungen, bezogen auf Preußen generell.

Der schnelle Anstieg der Bevölkerung seit der zweiten Hälfte des 19. Jahrhunderts hat städtische Ballungen mit Millionen Menschen entstehen lassen. In diesen zunächst europäischen, dann weltweiten historischen Zusammenhang des 19. Jahrhunderts gehört die Entstehung der Agglomeration an Ruhr und Rhein. In europäische und weltweite Zusammenhänge gehört auch der Rückgang der Bevölkerung, der im Verlauf des 21. Jahrhunderts für die Städte an Ruhr und Rhein immer lauter prognostiziert und beklagt wird. Dabei sind Begriffe, mit denen Veränderungen der Bevölkerungsentwicklung bewertet werden, von bemerkenswerter Gegensätzlichkeit. Werden die Daten vor Beginn des Zweiten Weltkriegs – »Volk ohne Raum«, die faschistische Propaganda von der Überbevölkerung sollte einen Eroberungskrieg rechtfertigen – mit denen zu Beginn des 21. Jahrhunderts verglichen, da schrumpfende Städte zum Schreck erregenden Schlagwort geworden sind, werden Ideologien offenkundig.

Die Städte an Ruhr und Rhein haben heute fast alle mehr Einwohner als 1939, Dortmund damals 542.000, heute 591.000, Düsseldorf 541.000, heute 572.000, Duisburg 435.000, heute 509.000, Bochum damals 305.000, heute 389.000, Hagen damals 152.000, heute 201.000, Oberhausen damals 192.000, heute 221.000, wobei Gebietsveränderungen diese Zahlen etwas relativieren können. Der für Dortmund vom Landesamt für Datenverarbeitung und Statistik NRW prognostizierte Rückgang der Bevölkerung besagt 2020 582.000 Einwohner, also immer noch 40.000 mehr als vor Ausbruch des Zweiten Weltkriegs.

Schrumpfende Großstädte von heute haben mehr Einwohner als die »Bevölkerungsmoloche« der dreißiger Jahre. Die Zukunft der Agglomerationen und damit die Zukunftsfähigkeit auch einer Weltstadt Ruhr ist eingebettet in die europäische und globale Bevölkerungsentwicklung. Prognosen dazu liegen bis 2050 vor.

Prognosen wird nun grundsätzlich mit Skepsis begegnet; verständlicherweise, wenn Wirtschaftsforschungsinstitute ihre Wachstums- und Beschäftigungsprognosen für ein laufendes Jahr mehrmals deutlich korrigieren müssen. Bei Bevölkerungsprognosen ist das anders – wenn ihre Hauptkomponenten Geburtenrate, Lebenserwartung sowie Wanderungsbewegungen entsprechend gewürdigt werden. Die Konsequenzen von Geburtenrate und Lebenserwartung auf die Bevölkerungsentwicklung lassen sich recht exakt berechnen – und in hoch entwickelten Gesellschaften nur sehr langfristig beeinflussen – es sei denn, die Vernichtungsweltkriege des 20. Jahrhunderts würden wiederholt. Schwer vorhersehbar sind die Wanderungsbewegungen – im 19. Jahrhundert der Hauptfaktor des Bevölkerungswachstums in den europäischen Agglomerationen und auch wieder der Bevölkerungsentwicklung im 21. Jahrhundert.

Aber selbst wenn diese Zusammenhänge erkannt sind, bleibt Skepsis gegenüber langfristigen Vorhersagen. 50 Jahre sind lange hin, wird eingewandt gegen Bevölkerungsprognosen bis 2050. Dabei, für viele ist die Erinnerung an die Fußballweltmeisterschaft 1954, also 50 Jahre zurück, sehr frisch und das Siegtor des Esseners Helmut Rahn noch präsent. Und die Einwohnervergleiche zwischen 1939 und heute haben auch für Jüngere Aktualität, die Kriegszerstörungen, die Vertreibungen, die Vernichtung von 50 Millionen Menschen werden gerade jüngst mit Heftigkeit und Betroffenheit diskutiert.

Deshalb, wer das Gefühl hat, die vergangenen 50 Jahre seien in Westeuropa, in Westdeutschland und im Ruhrgebiet durchaus gut gelebt und damit auch gut politisch gestaltet worden, der kann sich mit guten Gründen und mit Zuversicht auf die nächsten 50 Jahre einlassen, gerade weil er dann nicht der im Fernsehen und in Zeitungen vermittelten politischen Hektik verfällt.

Der Anstieg der Bevölkerung in Europa, der dann durch zwei Weltkriege unterbrochen wurde, lief der globalen Entwicklung voraus. In der zweiten Hälfte des 20. Jahrhunderts flachte in Europa der Anstieg ab. Die weitere Entwicklung zeigt nun global eine andere Tendenz als in Europa – wobei auch weltweit eine deutliche Verlangsamung des Bevölkerungsanstiegs festzustellen ist. Rückgang und Verlangsamung der Bevölkerungsentwicklung sind vor allem bestimmt durch abnehmende Geburtenraten pro Frau. Diese abnehmenden Geburtenraten sind begleitet vom Anstieg des Sozialprodukts.

Der Weltbevölkerungsbericht 2004 der Vereinten Nationen prognostiziert für 2050 global 8,9 Milliarden Menschen – also einen weiteren Anstieg um rund 2,5 Milliarden –, für Afrika 1,8 Milliarden nach heute 869 Millionen, für Asien

5,2 Milliarden nach heute 3,8 Milliarden, für Lateinamerika 768 Millionen nach heute 531 Millionen, für Nordamerika 448 Millionen nach heute 330 Millionen, aber für Europa nur noch 631 Millionen nach heute 726 Millionen Menschen. Für Deutschland wird ein Rückgang von 82 Millionen auf 79 Millionen Einwohner vorausgesagt.

Die meisten europäischen Staaten müssen sich demnach auf einen Bevölkerungsrückgang einstellen, ihr gemeinsamer Anteil an der Weltbevölkerung könnte auf deutlich unter zehn Prozent fallen. Es geht also um ein europäisches und deutsches Problem, nicht um ein spezifisches Problem der Agglomeration an Ruhr und Rhein. Die zehnte koordinierte Bevölkerungsvorausberechnung des Statistischen Bundesamtes aus dem Jahre 2003 vermittelt Erkenntnisse über die weitere Entwicklung. Sie geht von einer Geburtenrate pro Frau von 1,4 Kindern aus. Da die Rate, die eine stabile Bevölkerung garantiert, bei 2,13 liegt, erklärt dieser Faktor den Rückgang. Die Lebenserwartung wird in einer mittleren Annahme auf 81,1 Jahre für Jungen und 86,6 Jahre für Mädchen angesetzt, jeweils sechs Jahre höher als heute.

Die entscheidende Variante sind die Wanderungen. Je nachdem, ob der jährliche Wanderungssaldo bei 100.000, 200.000 oder 300.000 Zuwanderern liegt, wird die deutsche Bevölkerung bei der dargestellten Steigerung der Lebenserwartung 2050 bei 68,5 Millionen, 75,1 Millionen oder 80 Millionen liegen. Bei einer nicht auszuschließenden noch höheren Lebenserwartung findet bis 2040 sogar ein Anstieg statt und erst danach ein leichter Rückgang. Wird die mittlere Lebenserwartung aber als wahrscheinlich angesetzt, so gibt es einen Rückgang unter 80 Millionen Einwohner bei 100.000 Zuwanderern erst nach 2020, bei 200.000 erst nach 2030 und bei 300.000 erst nach 2050.

Für Deutschland gibt es also im Grunde keinen Alarm, wenn nur die Zuwanderung als eine positive Entwicklung verstanden wird. Dabei ist ein Saldo von 100.000 bis 300.000 Zuwanderer in einem Jahr nicht viel – vor dem Anwerbestopp für Gastarbeiter 1973 gab es einen Saldo von circa 550.000, 1992 als Folge des Endes der kommunistischen Systeme in Osteuropa einen Saldo von mehr als 800.000.

Die koordinierten Bevölkerungsvorausberechnungen sind die Basis für regionale und lokale Differenzierungen. Seit Mai 2004 gibt es die jüngste Vorausberechnung der Bevölkerung in den kreisfreien Städten und Kreisen Nordrhein-Westfalens 2002–2020/2040 des Landesamts für Datenverarbeitung und Statistik NRW. Das Land wird bei einer Zuwanderung von jährlich 37.000 Menschen, etwas weniger als es der mittleren Variante der Bundesvorausschau entspricht, 2020 mehr Einwohner haben als es Ende der 1990er Jahre hatte. Die jüngere Erfahrung im Lande kennt den Anstieg der Bevölkerung von über einer Million im letzten Jahrzehnt. So ist die Gefahr des Bevölkerungsrückgangs kaum im Alltag nachvollziehbar. Und dies wird noch so bleiben, denn der Wendepunkt der Bevölkerungsentwicklung in Nordrhein-Westfalen wird erst für 2007 angenommen. Für 2040 werden 16,9 Millionen Einwohner prognostiziert.

Die Einwohnerzahl im RVR-Gebiet sinkt von 5,332 Millionen Menschen 2002 auf 5,228 Millionen 2010 und 5,0460 Millionen 2020, ein Rückgang um rund 100.000 beziehungsweise 300.000 Einwohner. Dabei entspricht die Zahl des Jahres 2010 in etwa der von 1987. Die Bevölkerungsentwicklung der Städte und Kreise ist dabei unterschiedlich, im Kreis Unna steigt sie sogar.

	2002 *	2010	2020
Bochum	390.087	374.751	355.033
Bottrop	120.780	120.243	117.525
Dortmund	589.240	587.906	582.528
Duisburg	512.030	487.665	459.646
Essen	591.889	563.379	528.001
Gelsenkirchen	276.740	260.370	240.287
Hagen	202.060	186.760	169.171
Hamm	183.805	180.095	176.356
Herne	174.018	166.654	156.910
Mülheim	172.332	166.031	156.989
Oberhausen	221.619	214.401	203.445
Kreisfreie Städte (KVR)	3.434.600	3.308.255	3.145.891
Ennepe-Ruhr-Kreis	349.983	341.700	326.796
Kreis Recklinghausen	656.053	644.270	621.716
Kreis Unna	430.269	453.945	479.316
Kreis Wesel	476.240	479.456	472.159
Kreise (KVR)	1.912.550	1.919.371	1.899.987

* Die Zahlen des Jahres 2002 geben den Jahresdurchschnitt an.

Düsseldorf hat 556.000 beziehungsweise 540.000 Einwohner, der Kreis Mettmann 500.000 beziehungsweise 481.000. In diese disaggregierten Prognosen gehen stadtgenaue Prognosen der Zuwanderung nicht ein. Die Einwohnerzahl der RVR-Städte und damit von Ruhr ist darüber zu beeinflussen – eine Aufgabe, wenn Ruhr tatsächlich Weltstadt werden will.

Eine Studie des KVR hält »langfristig« einen Rückgang auf vier bis 4,5 Millionen Einwohner für denkbar, auch das hängt von der Wanderung ab. Dabei macht die Studie deutlich, wie schnell Variationen im Betrachtungszeitraum unterschiedliche Bewertungen ergeben. Im Vergleich von 1960 zu 2020 hat Dortmund einen Rückgang von 647.000 auf 583.000, im Vergleich zu 1950 steigt die Einwohnerzahl. Gegenüber 1987 ist sie in etwa gleich. Ob diese Veränderungen das Prädikat »Schrumpfen« rechtfertigen ist fraglich.

Noch fraglicher ist es, wenn in diese Schrumpfungsszenarien die Alterung einbezogen wird. Es steht fest, dass der Anteil der über 65-Jährigen steigen, der Anteil der unter 19-Jährigen abnehmen wird. Noch fast 15 Jahre konstant bleibt der Anteil der 19- bis 60-Jährigen. Die Jahre 2002, 2015 und 2020 bezogen auf Nordrhein-Westfalen im Vergleich:

	unter 19	19 bis 60	über 60
2002	20,4 %	55,4 %	24,2 %
2015	17,7 %	55,7 %	26,6 %
2020	17,1 %	54,7 %	28,2 %

Die Zahlen für das Ruhrgebiet mögen hiervon leicht abweichen. Es liegen aber bislang keine exakteren Berechnungen vor. Wichtig ist, dass für die nächsten 15 Jahre der Anteil der Menschen im erwerbsfähigen Alter tendenziell nicht abnimmt. Wird mit Erwerbstätigkeit bis 65 Jahre gerechnet, steigt dieser Anteil, eine freiwillige Verlängerung der Lebensarbeitszeit in Richtung 70 Jahre erweitert die individuellen, gesellschaftlichen und politischen Handlungsmöglichkeiten. Die Szenarien der schrumpfenden und alternden Städte, die sich für die Zeit nach 2020 für das Ruhrgebiet erstellen lassen, sind also beeinflussbar. Für Deutschland generell gelten sie sowieso nicht. Auf jeden Fall ist es geradezu inhuman, Altern und Schrumpfen in einem Atemzug zu erwähnen.

Die Steigerung der Lebenserwartung ist ein großes Glück, eine Chance, nur sie stellt die Menschen und ihre Politik vor einige Aufgaben. Die Lebenszeit wird neu verteilt werden müssen, zwischen der Zeit für Bildung, der Zeit für Arbeit und der freien Zeit. Hierin liegt eine der Charakteristiken der postindustriellen Wissensgesellschaft.

4. Die Entwicklung von Industrie und Industriestädten im 19. Jahrhundert

Industrialisierung

Das Entstehen der großen städtischen Agglomerationen im 19. Jahrhundert war bedingt durch den Anstieg der Bevölkerung und durch die Industrialisierung, in sicher wechselseitiger Abhängigkeit. Der technologische, ökonomische und gesellschaftliche Prozess der Industrialisierung ist umfassend beschrieben, wie seine Auswirkungen auf die Stadtentwicklung. Gängige sozialwissenschaftliche Beschreibungen und Erklärungen von Industrie, Industrialisierung, industrieller Revolution sprechen von maschineller Massenproduktion in Serienfertigung und räumlicher Konzentration der Produktion in Fabriken. Industrialisierung löst handwerkliche Arbeit durch mechanisierte Herstellungsprozesse und Arbeitsteilung ab. Das sind im 18. Jahrhundert historisch neue Arbeitsvorgänge und -bedingungen. Aber es kommen sozialwissenschaftliche Wertungen dazu.

Industrialisierung ist »sozio-ökonomische Modernisierung«, die Industriegesellschaft ist die moderne Gesellschaft. Das hat geistesgeschichtlich zu tun mit den durch die Wissenschaft der Aufklärung möglich gemachten technologischen Innovationen. Das hat aber auch zu tun mit der Gleichsetzung von Industrialisierung und modernem Wirtschaftswachstum. »Der Terminus ›industrielle Revolution‹ wird auch mit einem Schub rapider Erhöhung der industriellen Produktion in Verbindung gebracht, mit einer Entwicklungsphase, in der die industrielle Produktion über einen selbst konjunkturelle Rückschläge überspannenden längeren Zeitraum hinweg rasch und gegenüber aller älteren historischen Erfahrung ungewöhnlich stark zunahm. Dabei wird die Entwicklung des Zweiten Sektors, also des industriellen, als Kernstück ökonomischer Modernisierung betrachtet und hohe Wachstumsraten industrieller Produktion werden als brauchbarer Indikator der Modernisierung angesehen«, schreibt Hansjörg Siegenthaler im Handwörterbuch der Wirtschaftswissenschaften von 1978. Diese positive Bewertung hat dauerhaft Bedeutung erhalten.

In der Tat wurden im Verlaufe des 19. Jahrhunderts Hungersnöte überwunden – obwohl die anteilige Bedeutung des Ersten Sektors, der Agrarwirtschaft, drastisch zurückgeht. Kontinuierlich wuchsen die Einkommen, ein Prozess, der nach Unterbrechungen durch die Weltkriege des 20. Jahrhunderts seit 1950 gerade auch in Deutschland zunächst rapide, später langsamer und mit Unterbrechungen weiterging und -geht. Verdrängt werden dabei die sozialen Probleme, die sich im 19. Jahrhundert vor allem in den schnell wachsenden Städten niederschlagen, die elenden Zustände in diesen Städten selbst. So wird Industrie bis heute sehr unterschiedlich verstanden und empfunden. Einerseits als organisiertes, steigenden Wohlstand sicherndes Wirtschaften und Arbeiten. Dann kann der Begriff auch auf andere Sektoren übertragen werden, also auch auf Landwirtschaft und Dienstleistungen. Agrarindustrie oder Tourismusindustrie sind entsprechende Bezeichnungen. Andererseits als konfliktträchtige mit sozialen und ökologischen Problemen behaftete Produktionsweise, die glücklicherweise überwunden wird, wie die Schwerindustrie mit silikosekranken Bergarbeitern, rauchverhangenem Himmel, staubenden Siemens-Martin-Öfen.

Technikgeschichtlich betrachtet lässt sich die Industrialisierung an technologischen Innovationen festmachen. Entscheidend waren die Erfindung der Dampfmaschine und die Anwendung der Dampfkraft – in Fabriken, auf Schiffen, bei der Eisenbahn. Diese Erfindungen bestimmten die ersten Industriestandorte – auf oder in der Nähe von Kohlenlagerstätten. Es folgte die Ausdehnung der Hafenstädte, um Kohle und andere Rohstoffe zu transportieren. Nach Ausbau des Eisenbahnnetzes konnten auch in seefernen Hauptstädten Fabriken und Fabrikarbeiterwohnungen entstehen. Gleichzeitig waren schon die nächsten Innovationen erfolgt: Maschinenbau, Chemie, Elektrizität. Gerade in den Hauptstädten weitete sich der Tertiäre Sektor aus, schon aus vorindustrieller Zeit mit öffentlichen Dienstleistungen, jetzt aber auch unternehmensbezogen und mit hohen Einkommenschancen im Handel, in Banken und Versicherungen. So entstanden Metropolen, die über die Industriestadt hinauswiesen.

Industriestädte

Die Entwicklung der Industriestädte war also von drei unterschiedlichen Standortvoraussetzungen bestimmt:
- der Erweiterung der bestehenden Hauptstädte um industriell-ökonomische Funktionen – London, Paris, Berlin, Wien, Budapest sind die markanten Beispiele;
- der See mit dem Ausbau der Hafenstädte – New York, Chicago, St. Petersburg, Barcelona, Hamburg sind zu nennen;
- den Kohlenlagerstätten – also Wales, Pennsylvania, Wallonie, in Preußen Oberschlesien und das rheinisch-westfälische Industriegebiet.
Zwischen den Hauptstädten und den Hafenstädten einerseits, den Kohlenlagerstädten andererseits bestand in Europa ein grundlegender Unterschied: Die Haupt- und Hafenstädte bewahrten ihren Kern und wurden erweitert, die Kohlenlagerstädte überlagerten vorher dünn besiedelte Gebiete, verschlangen Dörfer, ebneten die städtebaulichen Strukturen, wo sie denn historisch entstanden waren, ein. In Gelsenkirchen existiert heute nur ein Wohnhaus, das vor 1800 gebaut wur-

de, wozu allerdings auch die Kriegszerstörungen beitrugen. Generell waren die rasant wachsenden Großstädte des 19. Jahrhunderts Folge der Industrialisierung; mit dem Unterschied, dass sie sich entweder an städtische Strukturen anpassten oder neue Städte wurden, die allerdings nicht baulich geplant wurden.

Mit drastischen Worten beschreibt Lewis Mumford die Kohlenlager-Städte, die er »Coketowns« nennt. In seinem Hauptwerk von 1963 »The City History«, deutsch »Die Stadt«, Standardwerk der soziologischen Stadtgeschichtsschreibung, formuliert er: »Das Zeitalter, das sich seiner maschinellen Triumphe und seiner wissenschaftlichen Triumphe rühmte, überließ seine gesellschaftliche Entwicklung dem Zufall, als ob sich die wissenschaftliche Geisteshaltung an den Maschinen erschöpft hätte und nicht mehr fähig wäre, mit der menschlichen Wirklichkeit fertig zu werden. Der Sturzbach von Energie, der aus den Kohlerevieren abgeleitet wurde, strömte bergab, ohne die Umwelt auch nur im geringsten zu verbessern: die Industriedörfer, die Zusammenballungen von Fabriken waren in sozialer Hinsicht primitiver als die Dörfer unter dem mittelalterlichen Feudalsystem.«

Allerdings gab es in der städtebaulichen Entwicklung Europas Unterschiede. Sie hingen mit den jeweiligen Standortvoraussetzungen zusammen und mit dem zeitlichen Einsetzen der Industrialisierung, also mit dem Grad der Verstädterung bei ihrem Beginn. Der Zeitpunkt der »Anlagerung« der Industrie an den älteren städtischen Baukörper war von entscheidender Bedeutung. In Großbritannien, wo die Industrialisierung 50 Jahre früher als in Deutschland begann, erfolgte diese Anlagerung in Form eines oft breiten Fabrikgürtels an die Altstadt. Weiter außen entstanden die monotonen Reihenhaussiedlungen der Fabrikarbeiter. Dabei verlor die Stadtmitte ihre traditionelle Funktion als soziale Mitte der Stadt. Sie entvölkerte sich weiter, auch als sie später als City Ort von Dienstleistungen wurde. Die USA orientierten sich an dieser Entwicklung, der Verfall von Down-Town war die Folge. In Kontinentaleuropa wurde wesentlich mehr historische Bausubstanz bewahrt, die Kerne blieben erhalten, in der Gründerzeit ergänzt und nur in den Metropolen zugunsten des Dienstleistungssektors abgerissen, wie exemplarisch in Paris. Der Boulevard Haussmann trägt den Namen des planerisch Verantwortlichen.

Aber in jedem Fall, entscheidend bei dieser Veränderung der bis dahin bekannten europäischen Stadt war, dass die Fabriken als industrielle Produktionsstätten städtebaulich nicht harmonisch integriert werden konnten. Der durchaus begründeten Skepsis der Stadtforschung, ob Industriesiedlungen zu den Städten gezählt werden dürften, entsprach das administrative Handeln. Hamborn etwa, seit 1929 Teil Duisburgs, war gemeinderechtlich noch Dorf, als es bereits mehr als 100.000 Einwohner hatte.

Bedeutungsverlust von Stadtpolitik

Diese Verweigerung von Stadtrechten entsprach obrigkeitsstaatlichem Konservatismus, der die Auswirkungen der Industrialisierung auf die Siedlungsentwicklung nicht wahrnehmen wollte. Aber es kam auch zu historisch neuen Veränderungen der Handlungsmöglichkeiten von Stadtpolitik. Zeitgleich mit den naturwissenschaftlichen Grundlagen technologischer Innovationen entstanden zu Ende des 18. Jahrhunderts auch die gravierenden sozialwissenschaftlichen Innovationen, nämlich die liberalen und liberalistischen Wirtschaftsdoktrinen: James Watt erfand seine Dampfmaschine 1769, Adam Smith entwarf die liberale Nationalökonomie 1776. Gestützt auf diese Wirtschaftslehren begannen sich in der frühindustriellen Gesellschaft Politik und Wirtschaft zu separieren. Unternehmer nahmen bei ihren Standortentscheidungen auf die Stadt wenig Rücksicht. Damit war Planung für eine städtisch-industrielle Ordnung selten, wie es 2002 Elisabeth Lichtenberger in ihrem Buch »Die Stadt« auf den Punkt bringt.

Die Stadt braucht ein ausgewogenes Verhältnis zwischen institutionalisiertem politischen Handeln und freier wirtschaftlicher Tätigkeit. Dazu gehören Unterstützung von unternehmerischen Belangen durch die Stadtpolitik und Engagement für die Stadt durch Unternehmer. Im 19. und 20. Jahrhundert gab es eher problematische Beziehungen zwischen politischer Stadt und Industrieunternehmen, gerade für das Ruhrgebiet.

5. Die Entwicklung der Industrieagglomeration an Ruhr und Rhein

Nur Kohle und Stahl, keine Dienstleistungen

Zwischen Ruhr, Emscher und Lippe entwickelte sich die »Kohlenlager-Stadt« Europas an sich, zugleich die größte neue Stadt-Agglomeration des alten Kontinents. Das Land war dünn besiedelt, überwiegend dörflich-agrarisch geprägt, mit versprengten Bauernschaften, Kirchdörfern, Klöstern und Herrensitzen. Etwas städtischer sah es nur entlang des Hellwegs aus. Entlang dieses bereits frühgeschichtlichen Verbindungswegs zwischen Rhein und Weser hatten sich Städte schon zu Beginn des Mittelalters entwickeln können. Karl der Große hatte den Hellweg zur Heerstraße ausgebaut und gleichzeitig entstanden Duisburg, Essen und die einzige Freie Reichsstadt dieser Lande, Dortmund. Auf dem Hellweg verlief später die Reichsstraße 1, dann der Ruhrschnellweg und heute die Bundesautobahn A 40. Parallel wurde 1847 eine Eisenbahnlinie von Köln über Duisburg, Essen, Gelsenkirchen und Dortmund nach Minden eröffnet.

Industrielle Kohlegewinnung, Erzverhüttung, Hochöfen, Stahlwerke, Gießereien brachen über das Land herein. Zwischen 1758, als in Oberhausen die erste Eisenhütte in Betrieb genommen wurde, über die erste Dampfmaschine auf einer Saline in Unna-Königsborn 1799, die erste Dampfmaschine im Bergbau 1801 in Bochum-Langendreer, das erste Dampfschiff 1816 im Duisburger Hafen bis zur Durchstoßung der Mergeldecke auf der Zeche Caroline in Mülheim 1822 und zu dem ersten Tiefbauschacht in Essen-Borbeck 1832 waren am Ende des ersten Drittels des 19. Jahrhunderts alle technologischen Voraussetzungen der Frühindustrialisierung zwischen Ruhr und Lippe erprobt. Jetzt konnte sie von Süden nach Norden Raum greifen.

Die Kohlegewinnung wanderte aus der Ruhrzone 1830 in die etwas stärker städtisch geprägte Hellwegzone, 1860 in die Emscherzone, und 1900 über die Lippe. Die Eisen- und Stahlindustrie folgte, allerdings nur bis zur Emscher. Mit Beginn des Ersten Weltkriegs war die Industrialisierung des Gebiets abgeschlossen. Neben Kohle und Stahl, also dem montanindustriellen Komplex, konnten sich andere Branchen nur schwer entwickeln. Die im 20. Jahrhundert expansiven Industrien, Maschinenbau, Chemie, Elektrotechnik, Feinmechanik und Optik fanden keinen Platz, gerade sie aber hatten bereits in der ersten Hälfte des 20. Jahrhunderts ein längerfristiges Potenzial für technologische Innovationen, die sich so im Ruhrgebiet nicht ausbreiten konnten. Auch Handwerk und Mittelbetriebe entwickelten sich hier nur schwer, dazu fehlten die sozialen Voraussetzungen, die in vorindustriellen Städten hätten entstanden sein müssen. Dabei hatten es entlang des Hellwegs Dortmund, Essen, Duisburg, auch Bochum noch besser als die Emscher-Städte. Aber auch den Hellweg-Städten wurde eine Perspektive langfristiger Entwicklung durch unternehmerische wie staatliche Entscheidungen vorenthalten: die qualifizierten Dienstleistungsarbeitsplätze. Die Verwaltungen der Ruhr-Konzerne wie deren Verbände und damit die unternehmerischen Dienstleistungen siedelten sich zu wichtigen Teilen außerhalb des Ruhrgebiets an, besonders in Düsseldorf.

Schon zu Beginn des 20. Jahrhunderts war das rheinisch-westfälische Industriegebiet keine breit gefächerte Industrieregion, sondern eine beschränkte; sie war abgeschnitten von langfristigen technologischen Innovationen und ihren Auswirkungen auf den sektoralen Strukturwandel, von der Entwicklung des Dienstleistungsbereichs, den es vor der Industrie gab und der sie überdauern und überwinden sollte. Der preußische Staat und das Deutsche Reich taten bis zum Ersten Weltkrieg das ihrige, um die wirtschaftliche Bedeutung des Ruhrgebiets möglicherweise zu einer vorübergehenden wirtschaftsgeschichtlichen Phase werden zu lassen.

Nur Agglomeration, keine Stadt

Industrialisierung und Bevölkerungszuwachs, vor allem durch Zuwanderung, gehörten zusammen. Preußen vor 1918 war ein multi-ethnischer Staat, mit einer großen slawisch sprechenden Minderheit. Als 1870 das einheimische Arbeitskräftepotenzial erschöpft war, organisierten die Unternehmen Zuwanderung. 300.000 Polen und 180.000 Masuren wanderten bis zum Beginn des Ersten Weltkriegs zu. Diese jüngeren Zuwanderer ließen auch die Geburtenrate steigen. Sie benötigten Wohnungen, die von den Unternehmen, möglichst zechen- oder werksnah, errichtet wurden. Darunter allerdings auch qualitativ anspruchsvolle und durchdachte Siedlungen, wie die Margarethen-Höhe in Essen oder die Dahlhauser Heide in Bochum. Für die Produktion vor allem, wie für die wachsende Einwohnermasse musste Infrastruktur geschaffen werden, Straßen, Schienen, Kanäle.

Wie sonst nirgendwo in Kontinentaleuropa verlief dieser Prozess ungeplant. Und nirgendwo war deshalb die siedlungstheoretische Frage so berechtigt wie zwischen Ruhr und, vor allem, Emscher und Lippe, ob sich hier Städte oder gar eine Stadt entwickelten. Das rheinisch-westfälische Industriegebiet blieb Agglomeration – von Industriefabriken, Verkehrswegen, Häusern, Koloniesiedlungen, ohne hervorragende Zentren, mit eher dörflichen Kernen. Und das geschah in einer Periode, als Paris, London und gerade auch Berlin weltstädtisch wurden. Das rheinisch-westfälische Industriegebiet war bereits vor mehr als 100 Jahren benachteiligt. Als das vor mehr als 50 Jahren nachhaltig auffiel, begann die Debatte um Strukturwandel einer sich stark wähnenden Industrieregion. Das war vom Ansatz her stadt- wie wirtschaftsgeschichtlich problematisch. Nicht Strukturwandel war nötig, sondern umfassende nachholende Entwicklung, nachholende Urbanisierung, das Aufweichen von Blockaden, die Industrieunternehmen und Staat errichtet hatten – gegen technologische, ökonomische und soziale Innovationen.

6. Ruhrgebiet und staatliche Politik

Politische Geschichte wie Wirtschafts- und Technikgeschichte verlaufen, als nur jeweils herausgestellte Teilaspekte historisch-gesellschaftlicher Entwicklung, gleichzeitig. Aber doch kann der Versuch einer Periodisierung dieser Teilaspekte zu unterschiedlichen Zäsuren und damit zu nicht deckungsgleichen Zeitabschnitten führen. Kriege allerdings sind zeitgleiche Zäsuren sowohl der politischen wie der wirtschaftlichen Entwicklung, weil technologische Innovationen wirtschaftliche Umwälzungen wie Kriegschancen gleichermaßen bestimmen. Dieser Zusammenhang wurde in der Waffenschmiede Deutschlands, die das Ruhrgebiet vor zwei Weltkriegen war, erfahren. Die staatliche Politik des Kaiserreiches wie des nationalsozialistischen Dritten Reiches gegenüber dem Ruhrgebiet waren dabei von ihren militärischen Zielen bestimmt. Die Industrieagglomeration zwischen Ruhr und Rhein war Mittel zum Zweck. Ihre eigenen Interessen interessierten den Staat wenig. Dies war zweimal Außen- und Fremdbestimmung in extremer Form, Degradierung zur Waffenwerkbank. Bei jeder Suche nach Gründen für die Entwicklungshemmnisse, die seit Ende der 1950er Jahre immer deutlicher wurden, ist die Fremdbestimmung durch den Staat ein dauerhafter Faktor.

In Deutschland war sowohl 1918 wie 1945 die Kriegsniederlage mit Veränderungen des politischen Systems verbunden, dem autoritären Kaiserreich wie der totalitären nationalsozialistischen Diktatur folgten demokratische Ordnungen. Dabei änderte sich auch die Einstellung des Staates zur städtischen Entwicklung im Ruhrgebiet. Seit der Durchsetzung demokratischer Ordnungen in allen Staaten Europas nach 1989, der unbehinderten Europäisierung menschlicher wie wirtschaftlicher Beziehungen könnte auch die Entscheidung für die Stadt Ruhr eine Entscheidung für mehr Demokratie sein. Das legt Zäsuren bei der Darstellung des Einflusses staatlicher Politik auf die Entwicklung an Ruhr und Rhein nahe:
– mit den Folgen der französischen Revolution,
– zum Ende des Kaiserreichs,
– zum Ende der Weimarer Republik,
– zum Wiederanfang demokratischer Verfassungsstaaten in der Bundesrepublik Deutschland nach 1945,
– zum Ende der kommunistischen Diktatur im Osten Deutschlands.

Zufälle vorindustrieller Geschichte

Die Geschichte des rheinisch-westfälischen Industriegebiets, die ja schon begrifflich Industriegeschichte, also Wirtschafts- und Technikgeschichte ist, mit den technikgeschichtlichen Daten zwischen erster Eisenhütte und bergtechnischem Durchbruch durch die Mergeldecke, also zwischen 1758 und 1822 beginnen zu lassen, ist fachlich sinnvoll, aber gleichzeitig mehr als eine Zäsur. Es kann der Eindruck entstehen, vorher sei da nichts gewesen. Aber schon die Suche nach den ersten wirtschaftshistorischen Spuren der Kohle zeigt: da war doch etwas vor der Industrialisierung. Der erste urkundliche Hinweis auf einen »Kohlköhler« in den Landen zwischen Ruhr, Emscher, Lippe und Rhein findet sich im Urkundenbuch der Freien Reichsstadt Dortmund für das Jahr 1296. In der Nähe von Haus Schüren war dieser Bergmann tätig. Schüren ist das übrigens nicht so gut bekommen, der Stadtteil wurde in den 1970er Jahren im Rahmen einer Flächensanierung abgerissen, auch wegen der Emissionen der Hoesch-Hütte.

1296 im Mittelalter war Dortmund hier die einzige Freie Reichsstadt und führendes Mitglied der Hanse. Sie war damit reichsunmittelbar und kannte keinen Landesherrn. Das war noch so zu Beginn der Neuzeit, als die Renaissance mit der Rezeption und Produktion nicht dogmatischen Wissens erste Grundlagen für ökonomische und technologische Innovationen entstehen ließ. Ebenfalls reichsunmittelbare Territorien waren seit dem neunten Jahrhundert das Stift Essen und die Reichsabtei Werden, deren Gebiet heute zu Essen gehört. Im übrigen waren der heutige Kern des Ruhrgebiets auf die Herzogtümer Berg und Mark, seine Ränder auf die Herzogtümer Jülich und Kleve sowie die westfälischen Besitztümer des Kölner Erzbischofs, darunter das Vest Recklinghausen, aufgeteilt.

Im 16. Jahrhundert hätte es der dynastische Zufall – die Geschichte des Deutschen Reiches und seiner landesherrlichen Territorien war voller dynastischer Zufälle – herbeiführen können, dass die personell vereinigten Herzogtümer Jülich, Kleve, Berg und Mark ein größeres Territorium beiderseits des Rheins und zwischen Ruhr und Lippe hätten entstehen lassen. Aber der letzte gemeinsame Herzog Johann Wilhelm starb 1609 kinderlos. In einem Erbfolgevertrag wurden die Herzogtümer aufgeteilt: Kleve – dazu gehörten Duisburg und Wesel – und Mark – dazu gehörten Bochum, Witten, Hagen, Hamm – wurden brandenburgisch, Jülich und Berg gingen an den Kurfürsten von Pfalz-Neuburg. Damit war für große Teile des späteren Ruhrgebiets – den Nordwesten und den Osten – die Integration in den preußischen Staat grundgelegt, der ja dem Namen nach 1701 durch die Selbstkrönung des brandenburgischen Kurfürsten Friedrich zum König in Preußen in die Geschichte eintrat.

Die Aufsplitterung des Gebiets in der frühen Neuzeit hatte auch Wirkungen für die Stadtbildung. Es gab aus dem Mittelalter die einzige Freie Reichsstadt Dortmund, deren Bedeutung aber abnahm und mit dem Dreißigjährigen Krieg weiter verfiel, es gab aber keine Residenzstätte. Die Herzöge von Berg und Mark hatten Residenzen in Düsseldorf und Hamm, also am Rande des heutigen Ruhrgebiets. Düsseldorf profitiert von dieser landeshauptstädtischen Aufgabe im Herzogtum Berg noch heute, und Hamm verdankt dieser Aufgabe wohl sein Oberlandesgericht. Der öffentliche Dienstleistungssektor beruht auch hier auf einer langen geschichtlichen Tradition.

Die Zugehörigkeit zu Preußen wurde bedeutsam, als Friedrich der Große sich nach Beendigung des Siebenjährigen Kriegs der merkantilen Wirtschaftsförderung zuwandte. 1766 erließ er eine »Revidierte Bergordnung für das Herzogtum Cleve, das Fürstentum Moers und die Grafschaft Mark«, also für den Ruhrbergbau, und er ließ die Ruhr von Witten flussabwärts nach Ruhrort schiffbar machen, eine Maßnahme, die 1780 fertig wurde. Der Bau von 16 Schleusen in der Mark war dafür erforderlich gewesen. Die Ruhr wurde zum bedeutenden Transportweg für die Kohle.

Wirtschaftliche Liberalisierung und staatliche Reformen

Die Liberalisierung der zuvor staatlich gelenkten merkantilen Wirtschaftspolitik erfolgte im Zuge der französischen Besetzung nach der Revolution von 1789. 1809 führte Napoleon die Gewerbefreiheit ein – das spätere Ruhrgebiet gehörte in dieser Zeit fast gänzlich zu dem von ihm zugeschnittenen Großherzogtum Berg – Hauptstadt Düsseldorf. Dortmund, das Stift Essen und die Reichsabtei Werden verloren dabei 1803 ihre Reichsunmittelbarkeit.

Nach der Niederlage Napoleons wurde das gesamte Ruhrgebiet preußisch, einschließlich Dortmund. Es wurde auf zwei Provinzialverwaltungen, Westfalen und Rheinland, und drei Regierungsbezirke aufgeteilt. Essen wurde dabei rheinisch. Provinzhauptstädte waren nun Münster und Koblenz, Sitz der Bezirksverwaltungen Arnsberg, Münster und Düsseldorf. Im ganzen Ruhrgebiet galten die preußische Gewerbefreiheit und das preußische Kommunalrecht, die Städteordnung von 1806 beziehungsweise 1831. Das hatte drei wichtige Auswirkungen für das Ruhrgebiet.

Als erste erfolgte der Auf- und Ausbau der Infrastruktur weiter merkantilstaatlich. So wurde jetzt die Lippe von Lippstadt flussabwärts bis Wesel schiffbar. Der Montankomplex erfuhr bis zur Mitte des 19. Jahrhunderts staatliche Förderung und Regulierung, dann war er technologisch selbsttragend. Preußen überließ nun die Gestaltung des Gebiets mehr und mehr den Unternehmen. Grundlage dafür war als zweite Auswirkung die unternehmerfreundliche Änderung des Bergrechts und als dritte die eher restriktive Einführung des Stadtrechts in den schnell wachsenden Dörfern, vor allem in der Emscherzone. Der Abbau des Obrigkeitsstaates gegenüber Unternehmen und seine gleichzeitige Beibehaltung gegenüber den Dörfern des Ruhrgebiets behinderten ineinander greifend die Entwicklung zu Städten oder gar zu einer Stadt.

Die Änderungen des preußischen Bergrechts zwischen 1851 und 1865 lassen sich als Grundlage für die Entfaltung freier Unternehmerinitiative und damit den großindustriellen Ausbau des Ruhrbergbaus darstellen. Nicht mehr die preußischen Bergbehörden, sondern die Grubenvorstände leiteten die Bergbaubetriebe. Die Arbeitsverhältnisse wurden zwischen Unternehmen und Bergleuten geregelt. Angesichts der äußerste Disziplin erfordernden Arbeitsverhältnisse Untertage, entwickelten sich diese Arbeitsverhältnisse allerdings in eine autoritäre Richtung. Der Herr-im-Hause-Standpunkt wurde prägend für Bergwerke und Hütten.

Hier wie andernorts waren solche Betriebsstrukturen ein Innovationshemmnis. Sie zu ändern wurde Aufgabe gewerkschaftlicher und sozialdemokratischer Politik nach 1918. Ergänzt und verstärkt wurde diese sozial repressive Situation, indem den wachsenden Dörfern das Stadtrecht vorenthalten und damit auch die Möglichkeit zu einer sozial- und umweltgerechten Entwicklungsplanung ihrer Gebiete vorenthalten blieb. In dem 1989 erschienenen Buch »Revier der großen Dörfer« schildert Detlev Vonde anschaulich diese Situation – von deren Folgen sich die Emscherstädte bis heute nicht erholt haben. Es ist ein Interessengeflecht, das diese Situation herbeiführte, vor allem örtliche Grundbesitzer verteidigten Privilegien, die ihnen die Gemeindeordnung für ihre Dörfer sicherte.

Entscheidende Verantwortung aber lag beim preußischen Staat. Er stand den emanzipatorischen Perspektiven der Stadtplanung obrigkeitsstaatlich gegenüber, sah polizeiliche Gefahren und verhinderte so die Urbanisierung der größten neu entstehenden Agglomeration Europas. Wo unabweisbar notwendige großräumige Planungen unmöglich waren, erfolgten Zusammenschlüsse von Dörfern und Eingemeindungen durch Gesetz von oben. Diese Verordnungen führten aber kaum zur integrierenden Stadtentwicklung. Es entstanden zufällige Kommunen, deren Lebensdauer oft nur bis zur nächsten Gebietsreform dauerte, ein Problem des Ruhrgebiets bis heute. Das demokratische Preußen zwischen 1918 und 1933 und das Land Nordrhein-Westfalen haben zur Veränderung der sozialen und ökologischen Verhältnisse zwischen Ruhr, Emscher und Lippe Wesentliches geleistet, die hoheitsstaatliche Veränderung gemeindlicher Grenzen haben sie nicht aufgegeben.

Der preußische Staat – beziehungsweise das von ihm, seinem Ministerpräsidenten Otto von Bismarck geschaffene und bis 1890 gelenkte Deutsche Reich – behinderte nicht nur innovative Entwicklungen im Ruhrgebiet, die von Unternehmen oder Städten hätten getragen werden können. Dort wo es staatliche Aufgabe sein kann, neue Arbeitsplätze zu schaffen und so innovative Anstöße möglich zu machen, vernachlässigte er das Ruhrgebiet bewusst. Es mag dahingestellt bleiben, ob der Wilhelm II zugeschriebene Satz stimmt, ins Ruhrgebiet gehörten keine Soldaten und Studenten; faktisch jedenfalls gab es keine. Die Abwesenheit von Soldaten unter friedenspolitischen Kriterien positiv zu bewerten ist vordergründig. In der Waffenschmiede des Reiches trugen Krupp und Thyssen und damit, unfreiwillig wie mancher Kriegsdienstleistende, auch ihre Malocher mehr zum Ersten Weltkrieg bei als mancher Offizier alten preußischen Adels.

Von fundamentaler Bedeutung ist, dass es im Ruhrgebiet keine Universitäten und Hochschulen gab und geben sollte. In Duisburg hatte der Große Kurfürst die Eröffnung einer Universität genehmigt, die 1655 erfolgte. Sie wurde 1818 durch königliche Order zugunsten der zeitgleich gegründeten rheinischen Friedrich-Wilhelm-Universität in Bonn aufgehoben, die die städtische mittelalterliche Gründung in Köln ersetzte, die Napoleon wiederum aufgehoben hatte. In der westfälischen Provinz erfuhr die bischöfliche Gründung Münster eine etwas wechselvolle Geschichte bis sie 1902 wieder Universität wurde. 1919 wurde auch die Universität Köln auf bürgerschaftliche Initiative wieder gegründet. So gab es in beiden Provinzen Universitäten, aber eben nicht im Ruhrgebiet.

Parallelen zum anderen preußischen Industrierevier Oberschlesien sind unübersehbar. Diese Gemeinsamkeit ist auch für polnische Regionalexperten überraschend, so für die in Gleiwitz geborene Professorin Irena Lipowic, zeitweise auch Botschafterin ihres Landes in Österreich. Das Fehlen von Universitäten in diesem Industrierevier hat sie als kulturelle Diskriminierung der Polen aufgefasst und erst im Vergleich mit dem Industriegebiet an Ruhr und Rhein als übergreifende Diskriminierung der Arbeiter durch den preußischen Staat. Sie musste in beiden Revieren seit der zweiten Hälfte des 19. Jahrhunderts als bewusst verstanden werden.

Die Gründung der Rheinisch-Westfälischen Technischen Hochschule Aachen, der wesentlichen universitären Ausbildungsstätte für Bergassessoren, war dann von plakativer Symbolik, die Ironie des Namensbestandteils »westfälisch« wurde vielleicht nicht bemerkt. Die akademischen Dienstleister des Ruhrgebiets wurden außerhalb in den Wissenschaftsprozess einbezogen. Auch die industriespezifische Forschung erfolgte nicht »vor Ort«.

Im demokratischen Preußen der Weimarer Republik

Der Zusammenbruch des Deutschen Kaiserreichs nach dem Ersten Weltkrieg ermöglichte einen Verfassungsstaat mit demokratischen, föderalen und sozialen Grundrechten und Zielen. Das Ruhrgebiet blieb Teil des jetzt demokratischen Staates Preußen. Reichspolitik wie preußische Landespolitik wirkten auf seine Entwicklung in teilweise gegensätzlicher Richtung, Tendenzen fortsetzend, die mit der Industrialisierung für die Stadtentwicklung begonnen hatten. Auch die Fremdbestimmung durch übergeordnete staatliche Politikziele ging weiter. Das Spannungsverhältnis zwischen einer integrativen städtischen Entwicklung und den wirtschaftlichen Interessen der großen Industrieunternehmen blieb bestehen. Fabriken waren weiter Enklaven im städtischen Raum. Dabei unterschied sich die mutige demokratieorientierte Politik der frühen Zwanzigerjahre von den Niedergangserscheinungen im Zusammenhang der Weltwirtschaftskrise, die schließlich in der nationalsozialistischen Diktatur endete.

Aber durchgängig hatte die auf die städtische Entwicklung gerichtete Politik Preußens zwei verwaltungsorganisatorisch zwangsläufig miteinander in Konflikt geratende Richtungen: die Bildung des Siedlungsverbandes Ruhrkohlenbezirk und die Vergrößerung der Ruhrgebiets-Städte durch Eingemeindung und Zusammenschlüsse.

Die Gründung des Siedlungsverbandes Ruhrkohlenbezirk durch die verfassungsgebende preußische Landesversammlung am 5. Mai 1920 war durchaus eine epochale Leistung des demokratischen Preußen. Dieses Gesetz folgte der Einsicht auch in der Reichs- und in der preußischen Landesregierung, dass weder die Kommunen noch die für das Ruhrgebiet zuständigen preußischen Provinzen, Rheinland und Westfalen, oder die Regierungsbezirke Arnsberg, Düsseldorf und Münster ausreichend in der Lage waren, problemgerechte Ordnungs- und Entwicklungskonzepte aufzustellen und umzusetzen.

Überlegungen zu einer städteübergreifenden Regionalplanung hatten bereits vor Beginn des Ersten Weltkriegs begonnen. Sie sind mit dem Namen des Essener Beigeordneten Robert Schmidt verbunden, der 1912 Regionalplanung und von Bebauung freie Grünstreifen gefordert hatte. Schmidt wurde dann erster Direktor des Verbandes. Er gilt als sein Vater, als der andere der Essener Oberbürgermeister und spätere Reichskanzler Hans Luther. Im Namen – Siedlungsverband – schlägt sich seine erste dringende Aufgabe nieder: die Ansiedlung von Bergleuten und ihren Familien, insgesamt rund 600.000 Menschen. Die Steigerung der Kohleförderung, auch wegen Reparationsforderungen der Weltkriegssieger, und die Abwanderung von Polen in den neu gebildeten polnischen Nationalstaat machten neue Zuwanderung erforderlich.

Die Konstruktion und die Arbeit des SVR war dann wiederum von den die siedlungsstrukturelle und politische Entwicklung des Ruhrgebiets prägenden Widersprüchlichkeiten gekennzeichnet. Verwaltungsorganisatorisch war der SVR sowohl kommunaler Verband wie staatliche Mittelbehörde. Insbesondere seine regionalplanerischen Aufgaben unterlagen der Aufsicht durch die preußische Landesregierung. In diese Raumplanung ging ein weiterer Konflikt ein: der zwischen den wirtschaftlichen Interessen des Montankomplexes und den Anforderungen einer ausgeglichenen, also vor allem auch ökologische Belange berücksichtigenden Siedlungsentwicklung. Die montanindustrielle Prägung der Agglomeration bestimmte das Selbstverständnis des Verbandes und seiner »Region«. Die Mitwirkung der vom preußischen Innenminister benannten Arbeitgeber- und Arbeitnehmervertreter sicherte montanindustrielle Interessen bei der Planung. Andererseits gelang dem SVR – im Grunde seiner Zeit voraus – so etwas wie Flächennutzungsplanung, innerhalb derer die »Verbandsgrünflächen« dauerhafte Bedeutung bis heute behielten. Zum 50. Geburtstag des Verbandes hat Heiner Radzio die Gründungsgeschichte und die Konflikte anregend beschrieben; den Mythos Robert Schmidt, die Furcht vor der »Industrieprovinz« und die Schaffung der Grünflächen.

Der Konflikt mit den Mitgliedskommunen aber war vorprogrammiert. Er steigerte sich mit der Vergrößerung der Städte durch die kommunalen Neugliederungen zwischen 1921 und 1929. Dortmund und Hörde, Gelsenkirchen und Buer, Duisburg und Hamborn, Hagen und Haspe wurden zusammengeschlossen, Osterfeld und Sterkrade nach Oberhausen, Steele und Werden nach Essen, Langendreer und Querenberg nach Bochum eingemeindet. Wanne-Eickel, Wattenscheid, Castrop-Rauxel wurden kreisfreie Städte. So entstanden durchaus handlungsfähige Großstädte. Die am Hellweg blieben aber den Städten in der Emscher-Zone an Einwohnern und damit auch an Wirtschaftskraft deutlich überlegen, was sich auch auf ihre Urbanisierung auswirkte.

Diese größeren Städte verteidigten ihre neue oder erweiterte Bedeutung gegenüber dem Siedlungsverband Ruhrkohlenbezirk. Und auch von außen erwuchsen Gegner. Nicht nur eine – während der Neugliederungsdebatte durchaus schon diskutierte – Ruhr-Stadt, auch ein Ruhr-Bezirk stieß auf Befürchtungen vor zu großem eigenständigen politischen Einfluss.

Schon mit der ersten Krise der Montanindustrie 1923 und dann vor allem mit der Weltwirtschaftskrise wurden die Handlungsmöglichkeiten auch der größeren Kommunen immer schwächer. Das würdigt ihre Leistungen bei der baulichen, ökologischen und kulturellen Entwicklung umso mehr. Die Rathäuser in Bochum und Oberhausen, das Hans-Sachs-Haus in Gelsenkirchen oder das SVR-Gebäude in Essen sind beeindruckende Baudenkmäler. Die Essener Gruga, der Duisburger Zoo, der Buersche Grüngürtel wie Volksparks in vielen Stadtteilen brachten Grün in die Industrieagglomeration. Das Lehmbruck-Museum in Duisburg, das Bochumer Schauspielhaus, Folkwang-Museum und Folkwangschule in Essen und auch die Westfalenhalle in Dortmund signalisierten den Weg zurück zur Lebensform der europäischen Stadt.

Nach Ende des Ersten Weltkriegs gab es auch revolutionäre Situationen. Das galt nicht nur für die Beseitigung der Monarchie, eine entsprechende Dynamik bestimmte auch die Auseinandersetzungen um Einfluss in der Wirtschaft mit Massenbewegungen und Streiks. Dabei wirkten sich erhebliche Differenzen über Strategie und Taktik bei den linken Parteien und den Gewerkschaften aus; es mag offen bleiben zu wessen Gunsten.

Zunächst geriet die Herr-im-Hause-Politik der Großunternehmer in die Defensive. Radikale Forderungen nach Sozialisierung des Ruhrbergbaus oder nach der Etablierung eines Rätesystems wurden allerdings auch durch Militäreinsätze abgewehrt. Es entstanden Mitbestimmungsstrukturen – mit all ihrer Zweischneidigkeit für die nicht industriewirtschaftlichen Belange der städtischen Entwicklung. Betriebliche Mitbestimmung wurde durch tripartistische Organisationsformen, die institutionalisierte Zusammenarbeit von Staat, Unternehmen und Gewerkschaften, vor allem für den Kohlenbergbau ergänzt. So wurde ohne jeden Zweifel Unternehmerwillkür begrenzt, andererseits aber das Interesse des Montankomplexes auch gestärkt. Dessen Interessen, vor allem wenn sie von Eigentümern und Belegschaft gemeinsam getragen wurden, gerieten zu politischen Interessen des Staates.

Das wurde deutlich, als es 1923 zur ersten Krise der Montanindustrie im Ruhrgebiet kam, ausgelöst, als französisches und belgisches Militär das Ruhrgebiet besetzte und dagegen Widerstand auch durch Streiks organisiert wurde. Und erstmals gab es auch ein Überangebot an Kohle, und die Konkurrenz anderer Energieträger – Mineralöl, Braunkohle, Wasserkraft – setzte ein. Jetzt sank die Zahl der Bergbaubeschäftigten vom Höchststand von 560.000 Ende 1922 auf nur noch 400.000 im Jahr 1925.

Die Reaktionen von Unternehmen und staatlicher Politik befestigten die montanindustriellen Strukturen. Es kam zu horizontalen Konzentrationen und zur Vertiefung der Produktion. Mit dem Ziel der Stabilisierung des Kohleabsatzes wurden Gas-, Elektrizitäts- und Hydrierunternehmen gegründet. Auf die Belegschaften wurde Entlassungsdruck ausgeübt, an den Staat wurden Subventionsforderungen gestellt, die auf die veränderte Ressourcensituation nach Verlust der lothringischen, saarländischen und oberschlesischen Standorte reagierten. »Der Weimarer Staat finanzierte mit Subventionen und steuerähnlichen Aufschlägen auf die Inlandspreise gezielt die Modernisierung und den Ausbau der Eisen- und Stahlindustrie des Ruhrgebiets. Für einzelne Unternehmen wie 1925 für Krupp, 1931 für Stinnes und Flick wurden spektakuläre Stützungsaktionen durchgeführt.« Stefan Goch resümiert 2003 in seinem beeindruckend umfassenden Buch »Eine Region im Kampf mit dem Strukturwandel«: »Insgesamt kann die rheinisch-westfälische Schwerindustrie neben der Landwirtschaft zu den am meisten staatlich begünstigten Wirtschaftszweigen der Zwischenkriegszeit gerechnet werden… Eine Chance für einen schrittweisen strukturellen

Wandel erhielt das Revier nicht, sondern der deutsche Staat förderte die Beibehaltung der montanindustriellen Struktur.«

Solange diese Politik demokratisch legitimiert war, hätten sich auch Möglichkeiten der Marktkontrolle und des Interessenausgleichs ergeben können. Die politische Entwicklung nach der Weltwirtschaftskrise ging aber in Richtung Entdemokratisierung. Die Unternehmen nahmen die »Zugeständnisse« an die Arbeiterschaft zurück, Streiks wurden mit Aussperrungen beantwortet – 1928 waren 240.000 Metallarbeiter betroffen –, der Herr-im-Hause-Standpunkt konnte wieder durchgesetzt werden. Das entsprach den Führungsvorstellungen der erstarkenden NSDAP.

In Westdeutschland: Das Ruhrgebiet im Zentrum

Der zweite demokratische Verfassungsstaat in Deutschland begann mit der Bildung von Ländern – dem föderativen Charakter der deutschen Staatsgeschichte entsprechend. Beim Zuschnitt dieser ganz überwiegend neuen Länder hatte die staatliche Zuordnung des Ruhrgebiets wesentliche Bedeutung. Die alliierten westlichen Siegermächte bildeten um das Ruhrgebiet herum das Land Nordrhein-Westfalen, bei gleichzeitiger Auflösung Preußens. Allerdings wurden wichtige Elemente der Verwaltungsstruktur Preußens in Nordrhein-Westfalen weitergeführt; mit weiter negativer Relevanz für das Ruhrgebiet blieb es bei den Regierungsbezirken Arnsberg, Münster und Düsseldorf; als historische Verlängerungen der preußischen Provinzen bildete man die Landschaftsverbände Westfalen-Lippe, Sitz in Münster, und Rheinland, Sitz in Köln. Positiverweise blieb der Siedlungsverband Ruhrkohlenbezirk mit Sitz in Essen erhalten.

Die von dem Kölner Konrad Adenauer herbeigeführte Entscheidung für das nordrhein-westfälische Bonn als Bundeshauptstadt, wie seine Kanzlerschaft von 1949 bis 1963, gaben Nordrhein-Westfalen, dem mit Abstand bevölkerungsreichsten Land der Bundesrepublik, in deren Gründerjahren ein dominierendes politisches Gewicht im föderalen Staat. Zwischen der rheinischen Bundeshauptstadt und dem rheinisch-westfälischen Industriegebiet suchten große Industrieunternehmen ihren Standort, Bedeutungsgewinn gerade für die Ruhr-Konzerne. Und auch der Deutsche Gewerkschaftsbund legte seinen Bundesvorstand nach Düsseldorf. So hatte das Ruhrgebiet in der politisch-ökonomischen Raumordnung der Bundesrepublik eine bedeutsame Stellung – ohne davon selbst auf Dauer Nutzen zu ziehen. In den direkten Nachkriegsjahren war es weiterhin fremdbestimmt.

Wie nach dem Ersten Weltkrieg wurde Kohle für den Wiederaufbau des ganzen Landes benötigt, wieder stieg die Zahl der Bergleute schnell an – von noch 195.000 zu Kriegsende auf 420.000 1951. Dabei wurden in den ersten zehn

Nachkriegsjahren insgesamt 800.000 Bergleute eingestellt, bei hoher Fluktuation. Das Ruhrgebiet wurde zum »schwerindustriellen Herzen« der Bundesrepublik, 66 Prozent der Erwerbspersonen waren Arbeiter, im Bundesdurchschnitt 50 Prozent, in Industrie und Handwerk waren 50 Prozent der Erwerbstätigen beschäftigt, gegenüber 35 Prozent im Bundesdurchschnitt. Weiter wurde damit der Anschluss an sektorale Veränderungen der Wirtschaftsstruktur versäumt. Standortentscheidungen für technologisch neuere Industrien fielen zugunsten süddeutscher Länder, der Dienstleistungsbereich blieb deutlich unterrepräsentiert.

Die Wiederbelebung der Schwerindustrie war durch Kriegszerstörung und Demontagen nicht entscheidend beeinträchtigt. Zerstört waren die Städte, sie hatten mehr als 50 Prozent ihres Wohnungsbestandes verloren, an der Spitze Dortmund mit 66 Prozent und Duisburg mit 65 Prozent. Die Unternehmen des Montankomplexes setzten von Beginn des Wiederaufbaus an ihre erfolgreichen Bemühungen um Subventionen durch den Gesamtstaat fort. Die Arbeitnehmervertreter waren dabei im Rahmen der 1951 gesetzlich eingeführten Mitbestimmung für die Montanindustrie hilfreich. So erhielten die Unternehmen des Montankomplexes als Ausgleich für Demontage durch die Siegermächte Zuschüsse und Kredite für »Remontage«. 1952 verpflichtete ein »Gesetz über die Investitionshilfe der gewerblichen Wirtschaft« die deutschen Unternehmen, 1,2 Milliarden Mark für den Investitionsbedarf des Steinkohlenbergbaus, der eisenschaffenden Industrie, der Energie- und Wasserwirtschaft und der Bundesbahn aufzubringen.

Mit der Gründung Nordrhein-Westfalens und der Bundesrepublik war ein politischer Rahmen für das Ruhrgebiet gelegt, aus dem es sich, immer mehr zu seinem Schaden, bislang nicht politisch zu emanzipieren vermochte; die Faktoren dafür sind:
– die sich geschichtlich wiederholende Fremdbestimmung der Wiederaufbaujahre, die dann in eine Gerechtigkeit einfordernde Subventionsmentalität umschlug,
– die gegenseitige Abhängigkeit zwischen dem neuen Land Nordrhein-Westfalen und der alternden Industrieregion zwischen Ruhr und Rhein.
Nordrhein-Westfalen brauchte das Ruhrgebiet gründungsgeschichtlich für seine Landesidentität. »Wir in Nordrhein-Westfalen«, der Erfolgsslogan des Ministerpräsidenten Johannes Rau, wäre ohne das Ruhrgebiet als Klammer 1985 nicht denkbar gewesen. Das Industriegebiet setzte immer mehr auf die Hilfe des Landes, nachdem die Probleme des Montankomplexes aufgebrochen waren. So geriet es immer tiefer in die Abhängigkeit von der Landesadministration, in der das Ruhrgebiet von dieser auch bereitwillig und mit bürokratischem Eigeninteresse gehalten wurde.

Das konnte so lange gut gehen, wie das Land dazu finanziell und zuständigkeitshalber in der Lage war. Diese landespolitischen Fähigkeiten verfielen aber schleichend. Die finanziellen durch die ausufernde Staatsverschuldung, mit der es seit Anfang der 1980er Jahre erfolglos kämpfte und dabei Handlungsfähigkeit verlor; die Zuständigkeiten mit der europäischen Integration, von der Beihilfenkontrolle durch die EU-Kommission über die Subventionen aus dem Landeshaushalt bis hin zur Abhängigkeit im Mischfinanzierungssystem der EU-Regionalpolitik.

In Westdeutschland: Krise und Strukturpolitik

Am 22. Februar 1958 verfuhren 16.000 Bergleute die ersten Feierschichten im Ruhrbergbau; für den der Bergmannssprache Unkundigen – »feiern« meint: nicht arbeiten. Die Halden waren zu stark gewachsen, es folgten Stilllegungen von Zechen, Bildung von Zentralschachtanlagen, Mechanisierung des Abbaus und ein Rückgang der Beschäftigten auf 185.000 im Jahr 1966. Die Kohlenkrise war unerwartet gekommen. Sie wurde zum Geburtshelfer der Strukturpolitik von Bund und Land.

Mehr als 40 Jahre später lässt sich eine Bilanz der Strukturpolitik für das Ruhrgebiet nach verschiedenen Kriterien ziehen, einmal im engeren Sinne regionalpolitischer Zielsetzung durch einen Vergleich wesentlicher sozioökonomischer Indikatoren zwischen dem Ruhrgebiet, dem Land Nordrhein-Westfalen und dem Bund. Zum anderen lassen sich Veränderungen qualitativ beschreiben, mit Blick auf nachholende Urbanisierung, also auf die Wiedergewinnung der europäischen Stadt als Lebensform, und auf die Bildungsinfrastruktur, also auf den Weg in die Wissensgesellschaft.

Von Beginn des Wiederaufbaus an hatte das Sozialprodukt pro Kopf des Ruhrgebiets über dem Sozialprodukt pro Kopf der Bundesrepublik Deutschland gelegen. Allerdings, als die Kohlenkrise einbrach, ließen die hohen gesamtwirtschaftlichen Wachstumsraten der 1950er Jahre – Höchstwert in realen Werten 11,5 Prozent 1955, Tiefstwert 3,3 Prozent 1958 – nur wenig Zweifel an der Problemlösungsfähigkeit des Marktmechanismus für solche Struktureinbrüche aufkommen. Sie hätten auch dem wirtschaftspolitischen Ordnungsdenken des Vaters des Wirtschaftswunders, Ludwig Erhard, widersprochen. Dennoch begann bereits 1958 der Bund mit sektoralen Strukturmaßnahmen zugunsten des Steinkohlenbergbaus, die bis heute weitergegangen sind. Seit 1960 erstellte die Landesregierung, damals CDU-geführt, regionalpolitische Analysen, die 1962 zum Einstieg in eine regionale Investitionsförderung des Landes zugunsten von Unternehmen führten.

1967 begann auch der Bund mit einer unternehmensbezogenen regionalen Investitionsförderung. Allerdings dürfte der Start regionaler Investitionsförderung im Jahr 1967 weniger regionalspezifische als gesamtwirtschaftliche Gründe gehabt haben. Im Jahr 1967 gab es eine für die Erfahrungen der Nachkriegszeit außergewöhnlich geringe Steigerung des Sozialprodukts: plus ein Prozent. Die Arbeitslosenquote war dabei von 0,5 Prozent auf 1,6 Prozent gestiegen, es gab bundesweit 350.000 Arbeitslose. Im Ruhrgebiet betrug die Arbeitslosenquote 2,6 Prozent. Diese wirtschaftlichen Daten hatten den ersten Regierungswechsel in der Bundesrepublik Deutschland wie einen Regierungswechsel in Nordrhein-Westfalen zur Folge.

Die nun sozialdemokratisch geführte Landesregierung legte 1968 das »Entwicklungsprogramm Ruhr« vor, einen mittelfristigen Handlungsrahmen mit folgenden Handlungsfeldern:
– Soziale Sicherung und Umschulung,
– Betriebliche Investitionshilfen,
– Bereitstellung von Industrieflächen,
– Ausbau des Verkehrsnetzes, insbesondere eines regionalen Schnellbahnsystems,
– Ausbau von Schulen und Hochschulen,
– Verbesserung der Luft und Reinhaltung von Gewässern,
– Ausbau regionaler Erholungseinrichtungen,
– Pflege der Stadtlandschaft.
Dieses »Entwicklungsprogramm Ruhr« wurde 1970 integriert in das »Nordrhein-Westfalen-Programm 1975«, mit den im Großen und Ganzen gleichen Handlungsfeldern. Damit war zwischen 1968 und 1970 ein regionales Handlungskonzept entfaltet, das in weitesten Bereichen bis Ende der 1980er Jahre Gültigkeit behielt.

Die Darstellung der weiteren Entwicklung des Ruhrgebiets muss sich deshalb vorrangig an zwei Fragen orientieren:
a) Wie erfolgreich war die Regionalpolitik des Ende der 1960er Jahre entfalteten Handlungskonzeptes?
b) Welche neuen Handlungsfelder kamen hinzu?
Die erste Fragestellung wirft die Abgrenzungsproblematik zwischen regionalspezifischen und gesamtwirtschaftlichen Einflüssen auf. Die üblichen Indikatoren regionaler Entwicklungsanalysen sind daher Relationen zwischen regionalen und gesamtwirtschaftlichen Werten. Sie quantifizieren dabei Zielsetzungen. Die Werte der Arbeitslosenquote, der Wachstumsrate des Sozialprodukts und der Bevölkerungsverluste durch Abwanderung sind wenigstens so zu verändern, dass sie nicht mehr ungünstiger als im Bundesdurchschnitt liegen. Wenn es gelänge, sie

besser als im Bundesdurchschnitt werden zu lassen, wäre das aus regionaler Sicht, hier des Ruhrgebiets, wünschenswert.

Eine politische Erfolgskontrolle wurde mit dem Erdölschock im Jahr 1974 notwendig. In die erste tiefe Rezessionsphase der Nachkriegszeit ging das Ruhrgebiet mit – gemessen am Bund – überdurchschnittlichen Wachstumsraten. Die Jahre 1974 und 1975 waren seit 1965 die ersten beiden aufeinander folgenden Jahre, in denen die Veränderung des Sozialprodukts im Ruhrgebiet günstiger war als in der Bundesrepublik. 1974 beziehungsweise 1975 betrug das nominale Wachstum des Sozialprodukts in der Bundesrepublik 7,5 Prozent beziehungsweise 4,5 Prozent, im Ruhrgebiet 13,6 Prozent beziehungsweise 6,9 Prozent. Dazu trug allerdings auch die wegen der Ölkrise gesteigerte Kohlenförderung bei.

Zwischen 1968/70 und den Auswirkungen des Erdölschocks hatte das regionalpolitische Handlungskonzept für das Ruhrgebiet durchaus erfolgreich gewirkt. Die Rückstände bei den Wachstumsraten des Sozialprodukts wurden aufgeholt, zum Vergleich die nominalen Wachstumsraten des Jahres 1966: Bundesrepublik 6,3 Prozent, Ruhrgebiet 2,6 Prozent.

Eine verteilungspolitisch bedeutsame Abweichung musste allerdings bereits 1974/75 in die Erfolgsbilanz einfließen: Die Arbeitslosenquoten hatten sich nicht so entwickelt, wie es die dargestellte Veränderung des Sozialprodukts erwarten ließ – die Arbeitslosenquoten des Ruhrgebiets blieben über dem Bundesdurchschnitt: 1974 und 1975 im Bund 2,4 Prozent beziehungsweise 4,4 Prozent, im Ruhrgebiet 3,3 Prozent beziehungsweise 4,9 Prozent.

Dennoch gab es, auch bei politischer Gewichtung beider Indikatoren, zu Beginn der durch den Erdölschock bedingten Rezessionen sichtlich keinen spezifischen regionalpolitischen Handlungsbedarf im Ruhrgebiet. Und deshalb unterblieben zusätzliche Maßnahmen damals zu Recht.

Neue Überlegungen setzten erst 1978 ein. Die 1976 beginnende günstige gesamtwirtschaftliche Konjunkturphase ging am Ruhrgebiet vorbei. Das wurde 1978 besonders deutlich. Das nominale Wachstum in der Bundesrepublik betrug 7,8 Prozent, im Ruhrgebiet 3,2 Prozent, das Verhältnis der Arbeitslosenquote 3,8 Prozent zu 5,8 Prozent.

Die neuen Überlegungen mündeten im Mai 1979 in das »Aktionsprogramm Ruhr«. Es enthielt gegenüber dem bereits mit dem »Entwicklungsprogramm Ruhr« 1968 entfalteten Handlungsrahmen drei neue Handlungsfelder, die anderen blieben prinzipiell gültig:

1. Es gab den neuen Aufgabenbereich »Zukunftsweisende Technologien und Innovationen«, sein Ziel ist die Umstellung auf technologisch hochwertige Produktionen. Damit wurde der Weg in die Wissensgesellschaft, durch die Hochschulgründungen in den 1960er Jahren eingeleitet, beschleunigt.

2. Die regionalpolitischen Maßnahmen sollten intensiver auf den Faktor Lebensqualität konzentriert werden, auf Verbesserungen in den städtebaulichen und ökologischen Verhältnissen, im kulturellen Angebot, bei den Freizeitbedingungen. Trotz der Krise hatte das Ruhrgebiet an der gesamtwirtschaftlichen Wachstumsentwicklung weiter teilgenommen. Das Sozialprodukt der alternden Industrieagglomeration schrumpfte bis 1979 nicht, sondern wuchs. Diese Wachstumsentwicklung seit Ende des Zweiten Weltkrieges hatte nach der Erfüllung privater Wohlstandsansprüche zunehmend auch die Maßstäbe für kollektiven Wohlstand erhöht. Und damit wurden die kollektiven Wohlstandsdefizite alter Industrieregionen deutlich, nämlich schlechte Siedlungsstruktur, geringere Umweltqualität, geringere Freizeitqualität, Mängel im kulturellen Angebot. Der Regionalpolitik wuchs so die Aufgabe zu, derartige, für eine Wohlstandsgesellschaft charakteristische, neue Ansprüche zu erfüllen; sie musste sich an kollektiven Wohlstandsindikatoren messen lassen.

3. Die Begrenztheit des Raumes war zu einem Bestimmungsfaktor der Regionalpolitik geworden, das Handlungsfeld »Bereitstellen von Industrieflächen« im »Entwicklungsprogramm Ruhr« von 1968 wurde zum Handlungsfeld »Recycling von Industriebrachen« im »Aktionsprogramm Ruhr« 1979. Die Erkenntnis hatte eingesetzt, dass in alten Industrieregionen die Industrieerweiterung und Industrie- und Gewerbeansiedlungen nicht vorrangig durch Erschließung neuer, sondern durch den ökonomischen Umgang mit alten Industrieflächen möglich gemacht werden müssen. Es gehört zu den besonderen Irrationalitäten der liberalen Wirtschaftslehre, dass sie für den nicht vermehrbaren Produktionsfaktor Boden kein Konzept eines sparsamen, das heißt ökonomischen Einsatzes entwickelte.

Das Finanzvolumen des Ruhrgebietsprogramms 1979 betrug insgesamt, auf fünf Jahre verteilt, 6,6 Milliarden Mark, aufgebracht zu 5,1 Milliarden Mark vom Land Nordrhein-Westfalen und 1,5 Milliarden Mark vom Bund. Die Wirtschaftspolitik machte es 1978/79 unproblematisch, ein derartiges Finanzvolumen zu fordern und zu bewilligen. Auf dem Weltwirtschaftsgipfel 1978 hatten sich die G7-Staaten verpflichtet, eine dauerhafte Wachstumsrate von vier Prozent herbeizuführen und darauf die Finanzpolitik auszurichten. Zweifellos gelang mit dieser expansiven Politik ein Abbau von Arbeitslosigkeit. Dennoch war das irreal hohe Wachstumsziel einer der Gründe für die kurz darauf einsetzenden, kaum zu lösenden Verschuldungsprobleme in den staatlichen Haushalten.

Irreale Wachstumserwartungen, Verschuldungsproblematik, Ende der expansiven Haushaltspolitik und die demographische Entwicklung veränderten seit 1980 die Arbeitsmarktsituation in der Bundesrepublik einschneidend – und damit zerbrach auch das Ziel- und Handlungskonzept der seit Ende der 1960er Jahre entwickelten Regionalpolitik. 1981 überstieg die Arbeitslosenquote im Bundesgebiet die Fünf-Prozent-Marke, im Ruhrgebiet die Sieben-Prozent-Marke. Die weitere Entwicklung zeigte dann eine zunehmende Diskrepanz zu Lasten des Ruhrgebiets.

	Bund	**Ruhrgebiet**
1980	3,5	5,4
1981	5,4	7,5
1982	7,5	10,4
1983	8,6	13,3
1984	8,6	14,1
1985	8,7	14,4
1986	8,2	14,4
1987	8,4	15,2

Damit bestand jetzt – anders als in den 1970er Jahren – ein deutliches regionalspezifisches Beschäftigungsproblem im Ruhrgebiet. Die Bundesrepublik bekam entsprechend ein deutliches regionales Verteilungsproblem auf dem Gebiet der Arbeitslosigkeit. Dieses regionale Verteilungsproblem entwickelte sich in einer gesamtwirtschaftlichen Situation mit Arbeitslosenquoten, die vor 1980 selbst in Problemregionen unvorstellbar waren.

Auch die Wachstumsraten des Ruhrgebiets blieben – nach einem Vorsprung von 9,6 Prozent zu 8,4 Prozent 1979 – konstant unter den Bundeswerten: nominal 1980 6,8 Prozent zu 5,8 Prozent, 1981 4,3 Prozent zu 2,6 Prozent, 1983 4,2 Prozent zu 3,0 Prozent, 1984 4,6 Prozent zu 2,6 Prozent.

Durch die Entwicklung der 1980er Jahre wurde die Erfüllung der regionalen Ausgleichsziele, die für die 1970er Jahre galten, nämlich Herabführen der Arbeitslosenzahlen und Heranführen der Wachstumszahlen an den gesamtstaatlichen Durchschnitt, von der Handlungsebene des Gesamtstaates aus kaum mehr möglich. Der Bund konnte den von überdurchschnittlicher Arbeitslosigkeit betroffenen Regionen nur noch helfen, indem die gesamtwirtschaftliche Beschäftigungspolitik die Arbeitslosigkeit generell senkte. Dies aber gelingt bis heute nicht.

Gerade aber bei dieser gesamtwirtschaftlichen Entwicklung sollte regionalpolitische Erfolgskontrolle nicht nur am Indikator Arbeitslosigkeit ausgerichtet sein. Die regionalen Entwicklungserfolge im Ruhrgebiet müssen auch an kaum zu aggregierenden und zu quantifizierenden kollektiven Wohlstandsindikatoren gemessen werden, also an den Indikatoren der nachholenden Urbanisierung und des Wegs in die Wissensgesellschaft. Hieran gemessen hat das seit 1968 umgesetzte Konzept der Regionalpolitik, das 1979 um neue Handlungsfelder erweitert wurde, zu nachhaltigen Erfolgen geführt. Allerdings sind in den 1970er und 1980er Jahren in einer Gesellschaft mit viel privatem Reichtum und hohem gemeinschaftlichen Wohlstand die Verteilungsprobleme größer geworden – bei der Verteilung von Einkommen und vor allem bei der Verteilung von Arbeit. Verteilungsgerechtigkeit als wesentliches Problem gesamtstaatlicher Politik schon der 1980er Jahre konzentriert sich auch zunehmend regional. Die alte Industrieregion Ruhrgebiet ist verglichen mit anderen Regionen und intern verteilungsungerechter geworden.

In Westdeutschland: Nachholende Urbanisierung

Die Industrieagglomeration zwischen Ruhr, Emscher, Lippe und Rhein legte sich über Siedlungen – seien es Städte, seien es Dörfer – und Landschaft – seien es agrarisch kultivierte Flächen, sei es Natur. Die Fabrikareale wurden für den Betriebsfremden unzugängliche »Reviere«. Damit waren zwei Charakteristiken der europäischen Stadt überlagert, das Gegenüber von Öffentlichkeit und Privatheit wie das von Stadt und Natur.

Schon in der ersten Hälfte des 20. Jahrhunderts gab es Bemühungen der Städte, hier zu reparieren. Es entstanden die öffentlichen Bauten und die öffentlichen Grünflächen, Werkssiedlungen mit Gärten. Das in England entwickelte Konzept der Gartenstadt war und bleibt Vorbild. Mit öffentlichen Grünflächen und Gärten in den Werkssiedlungen beginnt die Durchmischung von Stadt und Landschaft, die ein Jahrhundert später zu einer neuen Form von Stadt führen sollte. Aber zunächst zerstörte der Zweite Weltkrieg private wie öffentliche Bauten. Nur rund 39 Prozent der 3,4 Millionen Wohnungen des Ruhrgebiets sind unbeschädigt geblieben. Auch Reste vorindustrieller Bausubstanz gingen verloren.

Die nachfolgende Stadtentwicklung lässt sich in Wiederaufbau, Wachstum, Besinnung periodisieren. Die bestimmenden konzeptionellen Leitgedanken setzen sich von einander ab. Alle drei Perioden aber waren nicht möglich ohne extensive fiskalische Förderung durch das Land und teilweise den Bund.

Wiederaufbau bedeutete neue, bessere und schönere Städte zu schaffen, enge, verwinkelte und verschmutzte Städte und Stadtteile in moderne Industriestädte umzugestalten, dabei orientiert an der Charta von Athen aus dem Jahre 1934, die das theoretische Rüstzeug für die funktionale Trennung von Arbeiten, Wohnen und Freizeit bereitgestellt hat. Grünflächen, Luft und Sonne sollten eine wichtige Rolle spielen, radiale Hauptstraßen von den Zentren in die Werks-

und Wohngebiete führen, wobei diese als Trabantensiedlungen oft neu gebaut werden. Heute erfahren die Bauten der 1950er Jahre durchaus Wertschätzung – manchmal konfliktträchtig, wenn die Wertschätzung in Denkmalschutz übergeht. Der entscheidende Grund dafür war, dass begrenzte finanzielle Mittel zum Maß halten zwangen, also Maßstäblichkeit im Verhältnis der Bauten zueinander und im Verhältnis von Bauten und Verkehrsflächen gewahrt wurde. Die Städte im Ruhrgebiet gingen so gerade in den 1950er Jahren Schritte hin zur Urbanität.

Das ändert sich mit der Phase des Wachstums, der Industrialisierung des Städtebaus. Fast lässt sich sagen, die Industrialisierung schlug noch einmal zu, um die Renaissance der europäischen Stadt zwischen Ruhr und Rhein zu verzögern. Das geschah mit verdichteten Neubausiedlungen, Wohnhochhäusern, Neuen Städten. Gerade diese Neuen Städte misslangen und kompakte Hochhaussiedlungen wurden in den 1980er Jahren zu sozialen Brennpunkten. Den Renditeerwägungen der großen Bauträger kamen Rechtsinstrumente des Städtebauförderungsgesetzes des Bundes entgegen. Mit »Flächensanierungen« sollten minderwertige, aber eben auch unrentierliche Wohnungen abgerissen und durch neue, industriell gebaute ersetzt werden.

Das Entwicklungsprogramm Ruhr und das Nordrhein-Westfalen-Programm wandten diese Strategie industrialisierter Stadtentwicklung an. Ihre Erfolge waren schnell mehr Wohnungen, was auch eine Erweiterung der Wohnfläche pro Einwohner erlaubt. Mitte der 1980er Jahre gab es keine Wohnungsprobleme mehr. Wohl zu funktionalistisch war das Bemühen, Verkehrsentwicklung und Grünflächensicherung in Einklang zu bringen. Im Entwicklungsprogramm Ruhr liest sich das so: »Eine der großen Aufgaben ist eine stärkere Konzentration der Bebauung an geeigneten Standorten zur Gewinnung großer zusammenhängender Grünflächen und die Sanierung, Erneuerung und Korrektur nicht mehr funktionsgerechter Stadtteile. Zur Pflege der Stadtlandschaft werden Haldenbegrünung, regionale Grünflächen und Waldpflege, wie auch Gebäudeabbruch, Planierung und Geländebegrünung gefördert.«

Große Schritte in Richtung Urbanität wurden mit öffentlichen Bauten gegangen – Kongresshallen, Theater, Rathäuser, Sportstadien, dazu die bauliche Konkretisierung des Weges in die Wissensgesellschaft durch Universitäts- und Hochschulgebäude.

Beseitigung der Wohnungsnot, ein reiches Angebot an öffentlichen Bauten, Meilensteine beim Aufbau der Verkehrsinfrastruktur haben Grundlagen für das Zusammenwachsen zu einer europäischen Metropole gelegt. Defizite bestehen, weil es keine gemeinsame Planung gibt, die sich am Leitbild einer integrierten europäischen Stadt orientiert. Das gilt vor allem für das Verkehrssystem, bei dessen Planung nicht in weltstädtischen Kategorien gedacht wird.

Für die Orientierung an der europäischen Stadt war Besinnung erforderlich. Sie kam aus der Gesellschaft, aus dem Widerstand der Bewohner von Werkssiedlungen gegen den Abriss, aus den wachsenden Beklemmungen, die neue Hochhaus-Siedlungen auslösten. Der Landesregierung waren diese sozialen Bewegungen in den 1970er Jahren unverständlich. Die Anfänge dieser Bewusstseinsentwicklung sind mit dem Namen Roland Günter verbunden. In seinem »Reisebuch zu Emscher, Rhein und Ruhr«, das betitelt ist »Im Tal der Könige«, beschreibt er 1994 diese Anfänge: »1962 wurde die Zeche Neumühl stillgelegt. 1963 kaufte die Stadt Duisburg ihren gesamten Grundbesitz. Der Struktur-Wandel sollte dem Ort ein ganz neues Image verschaffen.« »Man hat gesagt, von diesem Ort Schmidthorst-Neumühl darf nur der Name übrig bleiben«, zitiert Günter einen Bergarbeiter. Diese Modell-Sanierung schuf bis 1975 einen der umfangreichsten Flächen-Kahlschläge in der BRD: Sie riss 1.125 Häuser ab, mit 3.295 Wohnungen für über 10.000 Menschen. Die Familien wurden in die Großwohn-Anlagen an derselben Stelle oder eine benachbarte Siedlung gleicher Bauart umgesetzt. Familien, die glaubten, in ihrem Siedlungshaus mit Garten und Nachbarschaft ihr Leben lang wohnen zu können, verstanden das alles nicht.

So regte sich Widerstand, in Oberhausen-Eisenheim, in Duisburg-Rheinpreußen und Duisburg-Hüttenheim, in Gelsenkirchen-Schievenfeld, in Moers-Meerbeck und andernorts. Er hatte Erfolg. Seit 1976 fördert das Land keine Wohn-Hochhäuser mehr, die Abbrüche in den Siedlungen sind mehr und mehr unterblieben.

Nach 1980 entstand eine neue Konzeption der Stadtentwicklungspolitik, die bis heute wirkt. Ihr Leitgedanke ist die erhaltende Stadterneuerung, auch begrifflich dem Prinzip der Nachhaltigkeit verpflichtet, das seit der Lokalen Agenda der UNO 1991 globales Programm ist.

Die Politik der erhaltenden Stadterneuerung umfasst zwei miteinander verbundene Programmteile, die behutsame Modernisierung der Wohnungen und die Verbesserung des Wohnumfelds.

In den 1970er Jahren waren die Fördermittel des Landes bevorzugt auf wenige Standorte und intensive Maßnahmen konzentriert worden. Jetzt werden über das ganze Stadtgebiet Wohnquartiere durch kleinteilige Maßnahmen stufenweise erneuert. Diese Wohnumfeldverbesserung bedeutet Verkehrsberuhigung im gesamten Straßennetz eines Wohnquartiers, Ordnung des ruhenden Verkehrs, Begrünung der Wohnviertel unter Ausnutzung von Verschnittflächen, Abstandsflächen, Baulücken, Fassaden und Dachflächen, Zugänglichmachung und Herrichtung von Brachflächen, Fassadengestaltung. Die gleichzeitige behutsame Modernisierung der Wohnungen macht ein Umdenken in den Zielsetzungen und Standards notwendig. Das bedeutet Dachgeschossausbau, Anbau von Balkonen, Grundrissänderungen. Fördertechnisch wird Mietermodernisierung möglich. Erhaltende Stadterneuerung bringt so einerseits Auflockerung, größere Wohnungen, die Unterbringung des ruhenden Verkehrs, die Erhaltung und Vermehrung von Grün- und Freizeitflächen. Andererseits können größere Baulücken zur Verdichtung von Siedlungen genutzt werden.

Der größte Teil des Wohnungsneubaues findet selbstverständlich nach wie vor auf Neubauland statt. Im Neubau sind aber Siedlungsformen mit mittlerer Dichte möglich, in denen die Wohnvorteile des bisherigen Einfamilien- und Reihenhauses mit den Vorteilen des verdichteten Wohnungsbaues verbunden sind. Mit zweigeschossiger Reihenhausbebauung lassen sich die gleichen Dichten erreichen wie mit den Hochhauskonzepten der Wohnanlagen aus den 1960er Jahren.

Dieses so konkretisierte Leitbild der erhaltenden Stadterneuerung knüpft erkennbar an die Entwicklung der europäischen Stadt an, wie sie sich als ein identifizierbares Gefüge von Häusern, verbunden mit einer reich ausgestatteten ökonomischen und sozialen Infrastruktur durch die Jahrhunderte erhalten hat. Es bedeutet ökologische Erneuerung, also Stadtökologie und Freiraumpolitik. Es bedeutet soziale Erneuerung, und diese ist unmittelbar verbunden mit kultureller Erneuerung. Die Verteilungsdimension kommt darin zum Ausdruck, dass Städte Defizite haben, wenn ihr öffentlicher Raum nicht für alle ihre Bewohner die gleiche Qualität hat, das Wechselverhältnis zwischen Privatheit und Offenheit zur sozialen Kommunikation gestört ist. Diese Funktion von Stadt entspricht nicht nur bürgerlichen Interessen, sie entspricht auch den Wünschen von Industriearbeitern. Hier liegt der – in den 1990er Jahren immer notwendigere – Ansatz für eine sozial- und damit verteilungspolitisch orientierte Erneuerung gerade im Ruhrgebiet.

Das Leitbild bedeutet auch stilbildende Erneuerung: Die Bauleistung der Nachkriegszeit erreichte keine Stilfindung, die über Einzelvorhaben und kürzeste Zeiträume hinausging. Es besteht die Notwendigkeit, gestalterische Mängel der 1960er Jahre zu reparieren. Der massive Wohnhochhausbau dieser Jahre wird heute generell als Fehlentwicklung bewertet und der Konsens über möglichen Rückbau nimmt zu. Industrialisiertes Bauen, gerade von Hochschulbauten, verweigert Aufenthalts-Qualität. Beton erweist sich als ein umweltanfälliger Baustoff mit hohem Erhaltungsaufwand Die Konzeption erhaltender Stadtentwicklung war in der Praxis der 1980er Jahre so konkretisiert, dass sie 1988 mit der Internationalen Bauausstellung Emscherpark für den siedlungsgeschichtlich benachteiligten Teil des Ruhrgebiets demonstrativ angewandt werden konnte.

In Westdeutschland: Auf dem Weg in die Wissensgesellschaft

Es ist notwendig, die bildungspolitische Hinterlassenschaft des preußischen Staates noch einmal in Erinnerung zu rufen: Als Nordrhein-Westfalen gegründet wurde, verfügte es über drei Universitäten in Münster, Bonn und Köln sowie über die »Rheinisch-Westfälische« Technische Hochschule Aachen – im Ruhrgebiet gab es keine Universität.

Es ist kein Zufall, dass der Beginn der Kohlenkrise 1958 und erste Initiativen zur Gründung neuer Hochschulen in die gleiche Zeit fielen. Der Wandel von der Industriegesellschaft zur Wissensgesellschaft kündigte sich früh an. Ein Bildungssystem, das zunächst für eine konfessionell orientierte nachagrarische Gesellschaft und dann für die Industriegesellschaft entwickelt worden war, entsprach nun nicht mehr den technologischen und sozialinnovativen Veränderungen. Das galt besonders für de facto restriktive Zugangsmöglichkeiten zu den Universitäten – Frauen, Arbeiter, Landbevölkerung und Katholiken waren benachteiligt. Georg Picht hat das alles 1964 in seinem Buch über den Bildungsnotstand treffend analysiert.

Das Land Nordrhein-Westfalen stellte sich vor allem der hochschulpolitischen Herausforderung, von 1961 bis 1965 wurden in Nordrhein-Westfalen mehr Hochschulen gegründet als in den 130 preußischen Jahren zuvor – und darunter endlich auch Hochschulen im Ruhrgebiet. Diese Hochschulgründungen der von den Ministerpräsidenten Franz Meyers und Heinz Kühn geführten Landesregierungen, von 1966 bis 1978, sind die historisch wichtigsten Entscheidungen für die Entwicklung des Ruhrgebiets, die Namen der verantwortlichen Minister, Paul Mikat und Johannes Rau, gehen zu Recht in die Universitätsgeschichte ein.

Die Gründungsbeschlüsse wurden 1961 für Bochum, 1962 für Dortmund, 1965 für Düsseldorf, dann 1972 für Duisburg und Essen, 1974 für die Fernuniversität Hagen und 1983 für die private Universität Witten-Herdecke getroffen. Vom Wintersemester 1965/66 an, beginnend in Bochum, arbeiteten dann nach und nach sieben Universitäten: Duisburg und Essen waren zunächst Gesamthochschulen. Die Fernuniversität Hagen öffnet über ihr weit gespanntes Netz lokaler Studienzentren auch Berufstätigen den Zugang zu wissenschaftlichen Studiengängen und akademischen Abschlüssen. Bochum repräsentiert das klassische humboldtsche Hochschulmodell in neuer Gestalt. Die Dortmunder Universität mit ihrem Schwerpunkt im ingenieurwissenschaftlich-technischen Bereich wird durch geisteswissenschaftliche Fachbereiche ergänzt. In Witten-Herdecke, der einzigen privaten Universität des Landes, verbinden sich Wissenschaft und Anthroposophie.

Mit stärker anwendungsorientierten Studiengängen, die von den klassischen technischen Disziplinen bis zum öffentlichen Verwaltungswesen reichen, runden zahlreiche Fachhochschulen das Lehrangebot ab, die staatlichen Fachhochschulen in Gelsenkirchen mit Teilen in Recklinghausen – damit gibt es auch eine Hochschule in der Emscherzone –, Bochum, Dortmund und Düsseldorf, die Technische Hochschule Georg Agricola in Bochum, die Evangelische Fachhochschule Rheinland-Westfalen-Lippe in Bochum, die Fachhochschule für Ökonomie und Management Essen als staatlich anerkannte Einrichtung der Wirtschaft in privater Trägerschaft, die International School of Management in Dortmund. Dazu kommen die Folkwang-Hochschule in Essen, Bochum und Duisburg, die Kunstakademie und die Robert Schumann Hochschule in Düsseldorf, Teile der Fachhochschule für öffentliche Verwaltung in Duisburg, Gelsenkirchen und Hagen.

Im Wintersemester 2002/2003 gab es an den Hochschulen im Gebiet des Regionalverbandes Ruhr 167.552 Studierende, dazu 33.602 in Düsseldorf. Als diese Hochschulentwicklung begann, waren es im damaligen KVR-Gebiet 4.276 Studierende, in Nordrhein-Westfalen 70.105, in Westdeutschland 275.369. Im Ruhrgebiet hat also eine Steigerung um das 40-fache stattgefunden. Der Anteil der Studierenden des Ruhrgebiets an den nordrhein-westfälischen und den westdeutschen Zahlen stieg von sieben Prozent beziehungsweise weniger als zwei Prozent auf knapp 33 Prozent beziehungsweise zehn Prozent, also überproportional zur jeweiligen Bevölkerung. Nordrhein-Westfalen hat heute 512.309, die Bundesrepublik 1.930.912 Studierende, darunter die westdeutschen Länder 1.679.789.

Nach 1990: In der globalen Gesellschaft

Das »Ende Westdeutschlands«, 1990 durch die Vereinigung der Bundesrepublik mit der DDR auch staatsrechtlich besiegelt, begann schon zwischen 1986 und 1988. Nach mehrjährigem Bevölkerungsrückgang ließ Zuwanderung aus damals noch kommunistischen Staaten die Bevölkerung wieder wachsen, auch in Nordrhein-Westfalen und auch im Ruhrgebiet. Diese erhöhte grenzüberschreitende Mobilität von Menschen lässt sich fast 20 Jahre später auch als Beginn einer neuen Stufe der Globalisierung verstehen. Das Ende der Ost-West-Konfrontation hing eng zusammen mit den dann realisierten Wünschen nach erhöhter Mobilität von Menschen und Informationen, Leistungen und Güter folgten.

Der Blick auf die Entwicklung des Ruhrgebiets seit Ende der 1980er Jahre muss deshalb bei der Bevölkerungsentwicklung, konkret der Zuwanderung, ansetzen. Ein regionalpolitischer Indikator der 1970er Jahre, der positive Wanderungssaldo, war erfüllt, noch im Landtagswahlkampf 1985 hatte die Opposition von der Abstimmung mit dem Möbelwagen gesprochen, jetzt freute sich niemal über die neuen Einwohner. Grund für dieses zurückhaltende Empfinden Ende der 1980er Jahre waren Rekordzahlen der Arbeitslosigkeit, sie betrugen 1988 und 1989 jeweils 15,1 Prozent gegenüber einem schon leichten Rückgang auf der Bundesebene auf 8,2 beziehungsweise 8,4 Prozent. Der Abstand lag bei fast sieben Prozentpunkten.

Neue wirtschaftspolitische Überlegungen des Landes konzentrieren sich auf technologische Veränderungen des Angebots von Investitions- wie Konsumgütern, aber erst langsam auf den sektoralen Wandel hin zur Dienstleistungswirtschaft. Die Antwort auf die Probleme ist deshalb Technologiepolitik für »neue« industrielle Produktion. Erst später wird die Notwendigkeit gesehen, die Qualifikation der Erwerbstätigen anzupassen – bis 2002 mit PISA (»Program for International Student Assessment«) vor allem auch die sozialen Defizite des Schulsystems deutlich werden.

In der globalen Gesellschaft: Zuwanderung

Zwischen 1971 und 1986 war die Bevölkerung im Ruhrgebiet von 5,658 Millionen auf 5,178 Millionen zurückgegangen. Die einzelnen Politikbereiche begannen, sich auf diese als langfristig erkannte Entwicklung einzustellen; das galt vor allem für den Wohnungsbereich. 1987 begann die Zahl der Einwohner wieder zu steigen, auf den Höchststand von 5,447 Millionen im Jahr 1993 – im Jahr 2002 war sie wieder bei 5,332 Millionen – also immer noch höher als 1987. Grund ist die Zuwanderung aus Ostdeutschland und anderen in der Nachkriegszeit kommunistischen Staaten.

Von diesen Zuwanderern ist ein großer Teil Ausländer, der Anteil der ausländischen Bevölkerung wächst. 2002 betrug er im RVR-Gebiet 588.000, elf Prozent der Bevölkerung. 1980 hatte der Anteil noch acht Prozent betragen. Dabei liegt Gelsenkirchen mit 16,1 Prozent an der Spitze vor Duisburg mit 15,3 Prozent. Der geringste Anteil ist im Kreis Wesel mit 7,6 Prozent festzustellen. Die größten Ausländergruppen sind Türken, 257.000, es folgen Menschen aus dem ehemaligen Jugoslawien, 78.000, und aus Italien, 32.000.

In der globalen Gesellschaft: Technologiepolitik – Spitzenforschung – PISA-Schock

Auf den Anstieg der Arbeitslosigkeit seit Mitte der 1980er Jahre reagiert die Landesregierung mit einer Neuorientierung der Technologiepolitik. Technologiepolitik hatte es bereits seit Mitte der 1970er Jahre gegeben, aber sie diente überwiegend der technologischen Anpassung der traditionellen Industriestruktur, es gab die Technologieprogramme »Bergbau«, »Stahl« und »Energie«, 1978 folgte ein »Technologieprogramm Wirtschaft«. Im »Aktionsprogramm Ruhr« 1979 war diese Technologiepolitik eines der drei neuen Handlungsfelder. Die damit eingeschlagene sektorale Strategie lässt sich als Reindustrialisierung bezeichnen. Zur gleichen Zeit entwickelte der Bund eine immer weiter ausgefächerte Forschungs- und Technologiepolitik, die aber am Ruhrgebiet weitgehend vorbeigeht und Süddeutschland, voran die Metropolregion München, begünstigt. In der Landespolitik fiel der öffentlichkeitswirksame Startschuss für eine neue Technologiepolitik 1984. Ein Technologieprogramm »Zukunftstechnologien« umfasste die acht Arbeitsfelder

– Umwelttechnologien,
– Energietechnologien,
– Mikroelektronik,
– Mess- und Regeltechnik,
– Informations- und Kommunikationstechnologien,
– Biotechnologien,
– Humanisierungstechnologien,
– Werkstofftechnologien.

Mit der Auswahl dieser Arbeitsfelder begann die Formulierung von Schwerpunkten, Clustern und Kompetenzfeldern in der Förderpolitik auch für das Ruhrgebiet. 1987 wurde das Wissenschaftszentrum Nordrhein-Westfalen – Sitz Düsseldorf – gegründet, mit dem Kulturwissenschaftlichen Institut in Essen und dem Institut für Arbeit und Technik in Gelsenkirchen. Lokal und regional entstehen Technologiezentren, das erste – welch »rheinisch-westfälisches« Wunder – in Aachen; bis 1993 waren es im Ruhrgebiet 19.

Fand diese Technologiepolitik landesweit statt, gibt es auch besondere ruhrgebietsbezogene Programme. Auf Antrag des Landtags kam es 1987 zur »Zukunftsinitiative Montanregionen«, die allerdings auch die Regionen um Aachen und Siegen fördert. Ihr Finanzvolumen betrug zwei Milliarden Mark für vier Jahre – der Verfall der fiskalischen Fähigkeiten des Staates wird deutlich; die Mittel sind kaufkraftbereinigt geringer als ein Drittel des Aktionsprogramms Ruhr 1979. 1989 erfolgte die Ausdehnung des Programms auf das ganze Land unter dem Namen »Zukunftsinitiative für die Regionen Nordrhein-Westfalens«.

In den 1990er Jahren fand diese Politik ihre Fortsetzung. 1991 mit dem »Handlungsrahmen für die Kohlengebiete«, 1994 mit der »Gemeinschaftsaktion Industriestandort Nordrhein-Westfalen« sowie dem Programm für »Industrieregionen im Wandel«. Immer stärker wurde jetzt der Einfluss der Regionalpolitik der EU, mit dem so genannten Ziel-2-Programm.

Gemessen am Indikator Arbeitslosigkeit war die Strukturpolitik der 1990er Jahre durchaus erfolgreich. Die Arbeitslosenzahlen gingen seit 1989 in Westdeutschland und im Ruhrgebiet zurück. Die Zahlen schwanken zwischen 1989 und 1999 zwischen 9,9 Prozent und 14,6 Prozent für das Ruhrgebiet, 6,0 Prozent und 10,7 Prozent für Westdeutschland. Die Differenz liegt kontinuierlich bei vier Prozent, ist also gegenüber 1987 und 1988 um etwa drei Prozentpunkte geringer geworden. 1997 allerdings näherte sie sich mit 14,6 Prozent den Höchstwerten von 1987/88 an, fiel aber 2001 wieder auf zwölf Prozent und lag 2003 bei 13 Prozent. Der Abstand zum westdeutschen Durchschnitt ist unter vier Prozentpunkten geblieben. Ausgeprägt sind allerdings Differenzen innerhalb des Ruhrgebiets: einerseits Gelsenkirchen 18,2 Prozent, Herne 15,6 Prozent und Dortmund 15,4 Prozent – andererseits Mülheim, der Ennepe-Ruhr-Kreis und der Kreis Wesel knapp unter zehn Prozent.

Weniger erfolgreich war die Politik gemessen am Indikator Wachstum des Sozialprodukts. In nominalen Werten stieg es im KVR-Gebiet zwischen 1991 und 2001 um 18,2 Prozent, in Nordrhein-Westfalen um 26,6 Prozent, in der Bundesrepublik um 37,9 Prozent. Mit diesem vergleichsweise langsamen Wirtschaftswachstum nahm auch die Verteilungsungerechtigkeit zu Lasten des Ruhrgebiets weiter zu. Sie zeigt sich in den sozialen Problemlagen einzelner Städte und Stadtteile.

Verteilungsungerechtigkeit und soziale Problemlagen lassen sich an vielen Gegebenheiten festmachen. In der Wissensgesellschaft haben aber Wissensproduktion und Wissensvermittlung dabei ein besonderes Gewicht.

Wissensproduktion ist vor allem das Ergebnis von Spitzenforschung. Bei der Betrachtung des Ruhrgebiets als Standort von Einrichtungen der Spitzenforschung nach dem Zweiten Weltkrieg zeigt sich weiter Nachholbedarf. Konnte in den nordrhein-westfälischen Gründerjahren noch so etwas wie landeseigene Forschungspolitik gestaltet werden – allerdings in Jülich nahe Aachen –, so ist das seit den 1960er Jahren immer mehr zur Aufgabe des Bundes geworden. Hier ist Deutschland im internationalen Vergleich zurückgefallen, sowohl bei der öffentlichen wie der unternehmerischen Forschungsfinanzierung. Das von großen Unternehmen bestimmte Ruhrgebiet leidet unter beiden. Seit Beginn des Jahres 2004 ist der Bund in der Forschungsförderung verstärkt innovativ geworden. Die Universitäten im Ruhrgebiet und in Düsseldorf müssen alles tun, um hier weiter aufholend zu partizipieren.

In die Bemühungen um die Stärkung der Spitzenforschung, in Deutschland generell und für das Ruhrgebiet speziell, brach die PISA-Studie hinein. Sie signalisiert große soziale Probleme bei der Wissensvermittlung. Deutschland hat die Schlussstellung im Vergleich der mittleren Lesekompetenzen von 15-Jährigen aus Familien des oberen und unteren Viertels der Sozialstruktur. Der Unterschied ist in Finnland oder Lettland nur halb so groß, in Spanien ein Drittel und in Japan und Korea lediglich ein Viertel des Wertes in Deutschland.

In erheblichem Maße bestimmt der Ausländerkinderanteil die großen Unterschiede in Deutschland. Für eine Weltstadt, die sich durch Wanderung bestimmt, liegt hier eine existenzielle Aufgabe. Diese Aufgabe und die Situation im Ruhrgebiet beschreibt das Institut für Arbeit und Technik in Gelsenkirchen 2004.

Dabei ist entgegen allen »Unkenrufen« das Ruhrgebiet insgesamt hinsichtlich der erzielten allgemein bildenden Schulabschlüsse im Vergleich mit dem Land NRW oder dem Bundesgebiet nicht als eine »Krisenregion« zu bezeichnen. Fraglos besitzt das Ruhrgebiet in der bildungssoziologischen Betrachtung einige strukturelle Besonderheiten, wie einen größeren Anteil von Schülern mit Migrationshintergrund oder eine überdurchschnittliche Beschulung durch die Gesamtschulen. Eine nachteilige Entwicklung gegenüber Land und Bund lässt sich dadurch aber nicht feststellen.

Ganz im Gegenteil kann das Ruhrgebiet hinsichtlich des erzielten quantitativen Schulabschlussniveaus ein besseres Ergebnis vorweisen als das Bundesgebiet. Die Probleme des Ruhrgebiets werden nicht in interregionalen Gegenüberstellungen sichtbar, sondern sind in intraregionalen Vergleichen zu finden. Neben den »Bildungshochburgen« des Ruhrgebiets, wie beispielsweise Essen – trotz besonderer Probleme in einzelnen Stadtteilen – lassen die Analysen Defizite im nördlichen Ruhrgebiet erkennen. Bereits in den 1980er Jahren erkennbare Rückstände haben sich hier durch eine geringe Bildungsexpansion verstärkt.

Diese Abkopplung vom Bildungstrend ist in Gelsenkirchen besonders ausgeprägt. Gelsenkirchens Schüler beschließen ihre allgemein bildende Schulkarriere häufiger mit gar keinem beziehungsweise dem Hauptschulabschluss und seltener mit dem Abitur als in anderen Regionen. Dies gilt für Deutsche und Nichtdeutsche. Der Übergang von der Schule in die berufliche Bildung wird dadurch hochgradig gefährdet oder führt an der ersten »Schwelle des Arbeitsmarktes« unmittelbar in die Arbeitslosigkeit, insbesondere wenn künftige Beschäftigungssicherheit die Bereitschaft zu einem »lebensbegleitendem« Qualifikationserwerb voraussetzt. Mit Blick auf Handlungsansätze sind hier kleinräumige stadtteil- und quartierbezogene Vorgehensweisen notwendig.

Hervorgehoben werden muss, dass im Ruhrgebiet ein besonders hoher Anteil von Schülerinnen und Schülern mit Migrationshintergrund anzutreffen ist. In einigen Städten betragen die Anteile von Migrationskindern mehr als 30 Prozent, was an einigen Schulen zu Migrationsanteilen von 50 Prozent und mehr führt. Diese Nationalitäten- und Kulturvielfalt trägt dazu bei, dass elementare Lernvoraussetzungen, wie zum Beispiel Sprache nur eingeschränkt mitgebracht werden.

Darüber hinaus zeigt sich, dass auch das vielfältige nordrhein-westfälische Schulspektrum mit seinen differenzierten Förderangeboten immer weniger in der Lage ist, den Schulerfolg der Schülerinnen und Schüler mit Migrationshintergrund zu gewährleisten. Um hier das Scheitern in der Schulausbildung zu begrenzen, ist es unausweichlich, die Sprachförderung als eine Schlüsselaufgabe für die nächste Zukunft zu begreifen. Dabei versprechen die Investitionen in die Sprachförderung einen besonders nachhaltigen Erfolg, wenn Migrationskinder möglichst frühzeitig – noch im Elementarbereich – die deutsche Sprache erlernen.

Insgesamt bieten Stadtteile mit hoher Arbeitslosigkeit, unterschiedlichen kulturellen Milieus, sozialem Konfliktpotenzial oder bildungsfernen Elternhäusern extrem ungünstige Lernbedingungen für Jugendliche. Gerade im vom Strukturwandel derzeit besonders betroffenen nördlichen Ruhrgebiet muss die Bildung wieder einen deutlich stärkeren Stellenwert im Bewusstsein der Menschen erhalten, und es sind gezielte »Bildungsanstrengungen« notwendig, damit die negative Korrelation zwischen sozialer Benachteiligung und Bildungserfolg aufgehoben wird.

Dem Einstieg in das Bildungssystem und darauf aufbauend in das berufliche Erwerbsleben muss die Fähigkeit und die Bereitschaft zu lebenslangem Lernen folgen. Dazu gibt es im Ruhrgebiet Defizite. Das Institut für Arbeit und Technik stellte dazu 2003 fest:

– Die Teilnahme der Erwerbstätigen an beruflicher Weiterbildung ist im Ruhrgebiet geringer als in Nordrhein-Westfalen.
– Informelle und eigeninitiative Lernformen haben beim Erwerb beruflichen Wissens geringeres Gewicht als im übrigen Nordrhein-Westfalen.
– Im Ruhrgebiet sind die betrieblichen Arbeitsanforderungen weniger kreativ und lernförderlich. Ein geringerer Anteil der Beschäftigten berichtet von betrieblichen Innovationen.

Im Verlauf der Deindustrialisierung ist im Ruhrgebiet ein besonderes gesellschaftliches Problem entstanden, das ein Entwicklungshemmnis sein kann. Frühverrentete Industriearbeiter wurden durch Ausschluss von Weiterbildung und damit lebenslangem Lernen dequalifiziert. Sie leben so in einer industriegesellschaftlichen Vergangenheit, die sie sich politisch zurückwünschen. Dass sie damit ihren Enkeln, die in der Wissensgesellschaft ihren Erwerb suchen müssen, schaden, wissen sie nicht. Es ist Aufgabe der Gewerkschaften und der Parteien, voran der Sozialdemokratie, zukunftsgerichtet Aufklärung zu leisten. Das im Zusammenhang der Projekt Ruhr entstandene Bildungsforum Ruhr beginnt dafür Perspektiven zu entwickeln. In »einer neuen Kompensatorik« soll die Bildungsbeteiligung im Ruhrgebiet erhöht werden.

In der globalen Gesellschaft: Zwischen Regionaler Strukturpolitik und IBA – um die Einheit des Ruhrgebiets

Es lässt sich nicht bezweifeln: In den 1990er Jahren zeigten sich Brüche und Widersprüche zwischen der Politik der nachholenden Urbanisierung und der Politik des Weges in die Wissensgesellschaft. Aber solche Brüche müssen nicht zum Schaden sein für die Entwicklung der Ruhr-Agglomeration. Unterschiedliche Perspektiven können sogar Handeln beflügeln.

Die unterschiedlichen Ansätze werden besonders deutlich beim Vergleich der regionalisierten Strukturpolitik und dem Konzept der IBA Emscher-Park. Die breit gefächerte Technologieförderung, die in den Zukunftsinitiativen Montanregionen beziehungsweise Nordrhein-Westfalen ihren administrativen Rahmen hat, mit Kompetenzfeldern und Clusterbildung, ist notwendig gerade für den sektoralen Wandel. Ihre Organisation, die Regionalisierung, hat aber für das Ruhrgebiet eine doppelt problematische Wirkung: die Legitimationsdefizite der regionalen Entscheider und die Zerteilung des Ruhrgebiets in sechs regionale Aktionsräume.

Das Prinzip, der vermeintlich innovative Ansatz der regionalisierten Strukturpolitik, ist die Einbeziehung von verschiedenen Akteuren der Region. Solche Akteure sind Kammern, Gewerkschaften, Hochschulen, die Kreditwirtschaft, dazu natürlich die Kommunen. Solange es sich dabei um Informationsvernetzung und Beratung handelt, ist das Verfahren sinnvoll. Allerdings: Zusammenarbeit zwischen privatwirtschaftlichen Unternehmen ist Handeln im Rahmen der Wettbewerbsordnung, orientiert an betriebswirtschaftlichen Zielen. Zusammenarbeit von öffentlich-rechtlichen Körperschaften und Unternehmen ist davon zu trennen. In der Demokratie hat das Handeln von Staat und Kommunen vollkommen transparent und kontrollierbar zu sein.

Verwischungen zwischen unternehmerischem Handeln und öffentlichem Handeln werden zu Recht als Filz bezeichnet, der Weg zu korruptionsartigen Vermengungen ist nicht immer weit. Das entscheidende Problem ist der für die Projektförderung erforderliche »regionale Konsens«. Stefan Goch fasst die Bedenken zusammen: »Das Zusammenwirken von staatlichen Interessen und Interessensverbänden in ›neo-korporatistischen‹ Formen zur Bewältigung des Strukturwandels weist erhebliche demokratische Defizite auf. Insbesondere das verlangte und praktizierte Konsensprinzip wirft Fragen nach der Legitimation solcher Verfahren auf. An die Stelle öffentlicher und breiter Willensbildung gewählter Volksvertreter tritt die Konsensbildung zwischen kleinen Organisations-Eliten ohnehin meist etablierter Interessengruppen. Die kommunalen Selbstverwaltungsrechte werden durch diese Regionalisierung mit ihren neuen Interessen eher eingeschränkt.« In dieser Beschreibung sind auch die Zweifel deutlich, dass hier innovative Politik stattfindet, Korporatismus hat die Entwicklung des Ruhrgebiets eben nicht durchgängig befördert.

Die problematischere Wirkung ist die regionale Gliederung des Landes. In Anlehnung an die Bezirke der Industrie- und Handelskammern ist das Land in 16 Regionen eingeteilt, sechs davon zerteilen das Ruhrgebiet: a) Mittleres Ruhrgebiet / Bochum, b) Dortmund / Kreis Unna / Hamm, c) Hagen, d) Mülheim / Essen / Oberhausen, e) Niederrhein mit Duisburg und den Kreisen Wesel und Kleve, f) Emscher-Lippe. Beachtet bei dieser Einteilung sind die Grenzen der Regierungsbezirke und Landschaftsverbände, nicht beachtet ist die Grenze des KVR, denn der Kreis Kleve gehörte nicht zum KVR und seit dem 1.10.2004 auch nicht zum RVR.

Ganz offenkundig ist eine weitere Zersplitterung der Kompetenzen für »Ruhrgebietspolitik« erreicht, verbunden mit einer weiteren Schwächung der kommunalen Handlungsmöglichkeiten.

Auf den ersten Blick lässt sich Vergleichbares für die IBA Emscher-Park sagen, die es von 1988 bis 1999 gab. Ihr räumlicher Rahmen war zunächst geographisch durch den Verlauf der Emscher und ihrer Zuflüsse bestimmt: in Ost-West-Richtung von der Quelle in Holzwickede im Kreis Unna bis zur Mündung in Duisburg. In Nord-Süd-Richtung bezog sie auch die Emscher-Zuflüsse aus Hellweg-Städten ein und damit den Norden dieser Städte mit Stadtteilen, die, verglichen mit den auf das Ruhrtal orientierten Stadtteilen im Süden, sozial schwach sind.

Programm der IBA Emscher-Park war, stadtstrukturell, ökonomisch und sozial die seit der Mitte des 19. Jahrhunderts entstandene Benachteiligung der Emscher-Zone gegenüber der Hellweg-Zone auszugleichen. Dazu hatte sie zwei Aufgaben: Erstens, Orientierung zu geben für die Gestaltung der Agglomeration nördlich und südlich der Emscher und die siedlungsgestalterischen Konsequenzen aus der Verwischung der Grenzen zwischen Stadt und Landschaft zu ziehen. Das sollte dann zweitens in Projekten konkretisiert werden. Das Memorandum für die IBA Emscher-Park formulierte die Strategie zur Erfüllung dieser Aufgaben in drei Punkten:

»1. die Zukunft der gesellschaftlichen Entwicklung in der Auseinandersetzung mit künftigen technologischen Entwicklungen und einer fortschreitenden internationalen Arbeitsteilung zu reflektieren. Dadurch soll auch ein Beitrag zur Transparenz dieses Prozesses entstehen.« Es ging also, 2004 formuliert, darum, die Agglomeration auf die Aufgaben großer Städte in der globalen Wissensgesellschaft vorzubereiten.

»2. den Stellenwert künftiger Infrastrukturansprüche herauszuarbeiten.« Es ging also, 2004 formuliert, darum, Wege in die verstädterte Gesellschaft, auf Stadt und Landschaft in einem zu gehen.

»3. die Steuerungsfähigkeit von Stadt und Gemeinde im Bezug zu den Entscheidungen der Wirtschaft zu betrachten.« Es ging also, 2004 formuliert, darum, Wege aus der Kompetenzzersplitterung zu finden.

Die konkreten Leitprojekte waren mit
– »dem Wiederaufbau der Landschaft – dem Emscher Landschaftspark« und
– der »ökologischen Verbesserung des Emscher-Systems«
die Wieder-Naturierung der verstädterten Landschaft; mit
– »Arbeiten im Park« und
– »Neuen Wohnformen und Wohnungen«
die Verbesserung der baulichen Leitidee der Stadt; mit
– »Industrie-Denkmälern als Kulturgütern«
ein Beitrag zu Identitätsstiftung; mit
– neuen Angeboten für »soziale, kulturelle und sportliche Tätigkeit«
die Belebung der kommunikativen Leitidee der Stadt.

Über die IBA Emscher-Park ist viel geschrieben worden. Das gilt auch für das »Politikmodell« der IBA – Titel eines Aufsatzes von Thomas Rommelspacher. Dabei verzerren Analysen, die von einem besonderen Zusammenspiel von verschiedenen Akteuren sprechen, etwas die Wirklichkeit: Im Grunde war die IBA Emscher-Park, war ihr Direktor Karl Ganser eine Art auf konkrete Projekte beschränkter »de-facto-Bürgermeister« eines dabei integriert handelnden Teils von Ruhr. Er tat das, was jeder gute und befähigte Bürgermeister tun muss:
– die eigene immer auch ausdifferenzierte Verwaltung bündeln – im IBA-Fall mehrere den beteiligten Städten zugeordnete Verwaltungen, weil es Ruhr als Stadt noch nicht gibt. Dabei war es notwendig, eine doppelte Verkrustung aufzubrechen: die normale innerhalb einzelner kommunaler Verwaltungen, die zusätzliche der gegenseitigen Abschottung konkurrierender Städte;
– die zweckbezogenen Fördermittel des Landes, des Bundes und der EU einwerben und bündeln;
– in seiner Stadt mit allen, die partizipieren sollten und wollten, sprechen, je nach ihrer Funktion und ihrer Verantwortung mit Unternehmensleitungen wie mit bürgerschaftlichen Initiativen, und deren Positionen bündeln. Kompetenz und Engagement mussten wieder in doppelter Hinsicht von außen aktiviert werden – von außerhalb des Ruhrgebiets und von außerhalb des Montankomplexes und seiner tripartistischen Ummantelung.
Stadt als politische Gemeinschaft ist gebündeltes Handeln nach kommunikativen Prozessen in einem satzungsmäßigen Rahmen. Wuselnde Akteure sind dazu nur ein Surrogat, das funktionale Prozesse ersetzt. Gefehlt hat der IBA Emscher-

Park als »de-facto-Bürgermeister« die Kontrolle durch eine kommunale Ratsversammlung. Diese Kontrolle hat letztlich der Landtag ausgeübt. Er hat die finanziellen Mittel bewilligt und ihm war der für die IBA Emscher-Park zuständige Minister verantwortlich. Die IBA war damit auch ein Beleg für funktionsfähige parlamentarische Demokratie auf Landesebene. Besser wäre natürlich ein wirklicher von seinem Rat kontrollierter Emscher-Bürgermeister gewesen.

Die IBA war das kommunikativ erfolgreichste Politikprogramm für das Ruhrgebiet. Manchmal wird diese Feststellung etwas abwertend getroffen. Demokratische Politik muss aber auch kommunikativ verstanden werden. Kritik an dieser Kommunikation wie an der Politik selbst ist dabei allfällig möglich. Die IBA war auch in der Substanz überaus erfolgreich – im Rahmen dessen, was ein städtebaulich orientiertes Programm leisten kann –, denn sie war eine Bauausstellung, also ein wirkungsvoll kommuniziertes und befristetes Vorhaben.

Im Verlauf ihrer Tätigkeit ist sie mit kürzerfristigen wirtschaftlichen Erwägungen überfrachtet worden, vor allem mit der Erwartung auf »neue Arbeitsplätze«. Diese Erwartung ging an ihrem Auftrag und an ihren Möglichkeiten vorbei. In einem Positionspapier vom Oktober 1997, an dem der frühere Wirtschaftsminister des Landes Nordrhein-Westfalen, Reimut Jochimsen, mitgearbeitet hat, wird dazu festgestellt:

»Die Beschäftigungswirkungen einer ›Bauausstellung‹ erstrecken sich ... auf ... vier Bereiche:

1. Direkte und indirekte Beschäftigungseffekte als Folge der Aufträge an die Bau- und Anlagenwirtschaft.
2. Verbesserung der ›weichen Standortfaktoren‹, vor allem durch Projekte mit ökologischen und kulturellen Qualitäten.
3. Standortwerbung durch die Präsentationsmöglichkeiten.
4. Innovationen, die mit der Entwicklung der Projekte verbunden sind.«

Dies kann eine Bauausstellung leisten, die kürzerfristige Steigerung der Nachfrage nach Arbeit jedoch ist Aufgabe der Wirtschafts- und Arbeitsmarktpolitik von Staat und Tarifparteien.

Einige realisierte Projekte der IBA Emscher-Park veränderten die Stadtlandschaft südlich und nördlich der Emscher: die Renaturierung von Emscherzuflüssen, die mit der Renaturierung des gesamten Emscher-Systems bis etwa 2015 enden soll, Prosper III in Bottrop, die Rundfunkakademie in der Zeche Minister Stein in Dortmund, der Duisburger Innenhafen, die Arbeitersiedlung Teutoburgia in Herne, das Technologiezentrum Lüntec in Lünen, der Wissenschaftspark in Gelsenkirchen, der Gasometer in Oberhausen, die Fortbildungsakademie in Herne, der Hochofen in Duisburg-Meiderich und Zollverein in Essen.

Hin zum planmäßigen Ende der Bauausstellung gab es Überlegungen, was an ihre Stelle treten könnte. Im Zusammenhang der 1999 wieder aufgenommenen Verwaltungsreform wurde der Gesetzesentwurf über die Einrichtung eines Verbandes Agentur Ruhr formuliert. Es wurde nicht beschlossen, stattdessen gründete das Land zum 1.3.2000 die Projekt Ruhr GmbH, als 100prozentige Tochtergesellschaft des Landes. »Die Projekt Ruhr GmbH besetzt eine Marktlücke in der bestehenden Landschaft von Institutionen im Ruhrgebiet. Sie tritt mit ihren Kompetenzen nicht in Konkurrenz zu bestehenden Strukturen, sondern stellt die bislang fehlende Plattform für eine Vernetzung regionaler Akteure und die Vormoderation des Einsatzes von EU- und Landesmitteln dar. Es werden keine neuen, zusätzlichen Verbandsstrukturen geschaffen, sondern eine schlanke Landesgesellschaft mit 20 bis 25 Mitarbeiterinnen und Mitarbeitern.«

So steht es im Landesentwicklungsbericht Nordrhein-Westfalen von Juni 2000. Besser lässt sich verwaltungsstrukturelle Orientierungslosigkeit nicht formulieren oder als Realsatire ironisieren. Bei etwas Selbstkritik ist das geradezu die Selbstverpflichtung der Landesregierung, für die Stadt Ruhr zu sorgen, um eine Politik für das Ruhrgebiet zu beenden, die im wortklappernden Nebelwerfen besteht.

Nun ist es tröstlich, dass auch wenig konzeptionell erdachte Institutionen in der praktischen Arbeit ihrer Mitarbeiter gute Ergebnisse erzielen können. Ein solches ist der Entwurf des Masterplans Emscher Landschaftspark 2010, entstanden in der Verantwortung Hanns-Ludwig Brausers und Michael Schwarze-Rodrians. Er soll Freiraum für über zweieinhalb Millionen Bürger sein, 436 Quadratkilometer groß, »Tragfläche und Nährboden für Dienstleistung und Gewerbe«, 70 Prozent der Fläche privatwirtschaftlich genutzt. Alle betroffenen Kommunen haben sich positiv geäußert, so dass die Landesregierung den Plan beschließen kann. Das dürfte in der Sache gut sein, die Selbstverantwortung an der Emscher aber nicht steigern.

Notwendig wurden für das Ruhrgebiet auch neue beschäftigungspolitische Initiativen. Sie sind gebündelt im »Wachstums- und Beschäftigungspakt Ruhr«, den die Landesregierung 2003 anstieß. In den Pakt eingebunden ist die Förderung der wirtschaftsstrukturellen Clusterbildung. Beides geschieht unter starker Beteiligung der EU, deren Einfluss auf die Entwicklung des Ruhrgebiets zunimmt: Drei staatliche Instanzen – Land, Bund, EU – handeln jetzt für oder auch anstelle einer Stadt.

7. Das Ruhrgebiet – befangen in der Industrieideologie

Ruhrgebiet ist Industriegebiet. Dieses Bewusstsein, diese Meinung, die Wirklichkeit beschreiben soll, ist bestimmend für das Verständnis der zurückliegenden Entwicklung und der gegenwärtigen und zukünftigen Entwicklungsfähigkeit der Agglomeration an Ruhr und Rhein. Im politischen Bekenntnis zur Industriegesellschaft, zur Bewahrung des Industriestandorts wird diese Meinung bestimmend für reales politisches Handeln. Dabei können sich politische Parteien auf eine emotionale Unterstützung von Bewohnern des Ruhrgebiets, die ja in der Demokratie auch Wähler sind, stützen. Zur Absicherung dieser Unterstützung pflegen sie wiederum diese »Industrie-Mentalität«. Anderen voran sind es Sozialdemokraten, die dabei agieren, angetrieben von Gewerkschaften wie Industriellen gleichermaßen.

Diese besondere Bedeutung des Industriebewusstseins macht noch einmal eine begriffliche Verständigung sinnvoll, um Missverständnisse im Umgang mit diesem Verständnis des Ruhrgebiets zu vermeiden, die ja gerade dann auftreten, wenn mit Emotionen gehandelt und diese anschließend rationalisiert werden.

Vor der Industrialisierung seit Ende des 18. Jahrhunderts verstand man unter »Industrie« fleißige wirtschaftliche Tätigkeit und spezielle gewerbliche Produktion und Weiterverarbeitung von Rohstoffen. Im Englischen ist dieser weite Begriffsgebrauch auch heute üblich. Mit der Anwendung von naturwissenschaftlichen Erfindungen und technologischen Innovationen in der industriellen Güterproduktion begann darüber hinaus die Assoziierung von »Industrie« mit »modern«: moderne Industrie, moderne Industriegesellschaft. Die Identifizierung der höher entwickelten Länder mit ihrem industriellen Fortschritt führte zum Begriff der Industrieländer – im Gegensatz zu den Entwicklungsländern. Dieser Sprachgebrauch gilt weiter nahezu uneingeschränkt.

Technologische Innovationen und ihre industrielle Nutzung waren ohne Zweifel Voraussetzungen für das Wachstum in den Industrieländern seit der Mitte des 19. Jahrhunderts, einschließlich der Steigerung der Lebenserwartung und kontinuierlichen Einkommenszuwachses. Das macht Industrie zu einem positiv besetzten Wort gerade in Deutschland. Das Bekenntnis zu Industrie führt hier aber auch zu einer Abwertung nicht-industrieller Arbeit. Neue Arbeitsplätze seien Arbeitsplätze für die Männer im »Blaumann«, gehört zu diesen Bekenntnissen, die Verklärung von Dreck und die Verdrängung von gesundheitlichen Schäden eingeschlossen. Hingegen könnten wir nicht davon leben, dass »wir uns alle gegenseitig die Haare schneiden«, wie ein viel gehörtes Argument gegen die Dienstleistungsgesellschaft lautet. Und selbst das Wesen der Wissensgesellschaft wurde lange missverstanden. »Wir können nicht nur Blaupausen exportieren«, meinte noch Ende der 1970er Jahre Bundeskanzler Helmut Schmidt. Blaumann ja, Blaupause nein – ließe sich dieses Bewusstsein zusammenfassen.

In der Agglomeration an Ruhr und Rhein, wo das Industriegebiet Stadtgrenzen wie Stadtpolitik überlagert, ist diese Einstellung zur Industrie besonders ausgeprägt. Sie gehört zur Ruhrgebiets-Identität, die von vielen Sozialwissenschaftlern, allen voran Lutz Niethammer, in den letzten zwei Jahrzehnten aufgespürt, ausführlich beschrieben und erklärt wurde. Ihre Anfänge liegen danach in der Wiederaufbauzeit nach 1945. Stefan Goch schließt seine Darstellung der Rekonstruktion und Neustrukturierung des Ruhrgebiets nach dem Kriegsende, bevor die Krise 1958 beginnt, mit einem Abschnitt über »Anfänge einer Ruhrgebiets-Identität«. »Die regionale politische Kultur war verbunden mit einem wachsenden Selbstbewusstsein, weil in der Nachkriegszeit immer wieder die Rolle der Grundstoffindustrie und der Kohle als Energieträger im Wiederaufbauprozess und damit die gesamtnationale Bedeutung der Vorgänge im Ruhrgebiet hervorgehoben wurden... Auch der Stolz auf die harte körperliche und gefährliche Arbeit in einer männlich dominierten Arbeitswelt war ein Anknüpfungspunkt für eine Identitätsbildung. Die Herstellung von Spitzenpositionen in der Lohnskala tat ein Übriges... Das Selbstbewusstsein der montanindustriellen Bevölkerung speist sich also aus der Industriestruktur der Region und blieb dieser Struktur verbunden«.

Diese Verbundenheit hatte aber schon seit den 1950er Jahren ihre Fragwürdigkeiten. Denn »in den Großbetrieben der Ruhr-Montanindustrie dürften sich proletarische Arbeits- und Lebensbedingungen und Deutungsmuster aufgrund der bis in die 1950er Jahre immer noch ausgesprochen autoritären Arbeitsbeziehungen länger erhalten haben als in der bundesrepublikanischen Gesellschaft insgesamt... Offenbar blieb das Ruhrgebiet aber in mancher Beziehung verspätet, die sozioökonomischen Strukturen ließen Milieustrukturen nur langsam verblassen«.

Diese Mentalität ist in mehrfacher Weise zu einem Entwicklungshemmnis für das Ruhrgebiet geworden. Das gilt für die politische Schwerpunktsetzung bei Erhaltungssubventionen für den Bergbau und, allerdings nur in Ansätzen, für die Stahlindustrie. Das galt lange für eine restriktive Haltung zum Urbanisierungsprozess. Sie beeinflusste die Willensbildung vor allem innerhalb der SPD und sie ist auch medial verbreitete Stimmung mit Relevanz vor Wahlen.

Diese Faktoren zusammen bestimmen auch die politische Außenwirkung des Ruhrgebiets und darüber hinaus ganz Nordrhein-Westfalens. Es ist die Hauptaufgabe der Ruhr-Gebiets- und darüber hinaus der NRW-Bundestagsabgeordneten, sich für Kohle und Stahl in Bonn und dann in Berlin einzusetzen, weiter für Chemie, dabei insbesondere gegen überzogenen Umweltschutz. Das ist ihr Image. Gerade bei der Kohlesubventionierung hatten sie dabei auch durch Jahrzehnte in Haushaltsmitteln messbare Erfolge. Und die wiederum sind für den Bund, seien es Regierung, seien es Abgeordnete aus anderen Ländern, Grund sich über die Subventionen für Nordrhein-Westfalen zu mokieren und das Land bei anderen Entscheidungen, zum Beispiel bei Standortentscheidungen für Bundeseinrichtungen oder bei der Forschungs- und Technologieförderung zu benachteiligen.

In Folge der längerfristigen Wachstumsschwäche, die Deutschland seit Ende 2000 erfährt, ist Industriepolitik wieder in den Mittelpunkt wirtschaftspolitischer Strategien des Bundes und des Landes, auch der EU gerückt. Sicher stellt sich inzwischen niemand mehr Industriepolitik ohne die Betonung von Investitionen in Forschung und Entwicklung, ohne Wissenstransfer zwischen Hochschulen und Unternehmen, ohne die Förderung der beruflichen Qualifizierung vor. Bewusstsein wird nur in die falsche Richtung gelenkt oder ist ideologische Verzerrung von in die Gegenwart hineinspielender Vergangenheit, wenn diese richtigen Erkenntnisse und auch Handlungsorientierungen einfachen Postulaten untergeordnet werden, wie: Wir wollen gemeinsam dafür eintreten, den Industriestandort Ruhrgebiet oder gar NRW zu sichern und auszubauen!

Der Industriestandort Deutschland, der Industriestandort Nordrhein-Westfalen, der Industriestandort Ruhrgebiet sollen gestärkt werden, das ist gerade nach dem Platzen der »New Economy-Blase« wieder wirtschaftspolitische Orientierung. Dies führt hinein in die Auseinandersetzung um die Wettbewerbsfähigkeit der deutschen Exportindustrie, und die wird natürlich beeinflusst durch die Arbeitskosten. Arbeitszeitverkürzungen ohne Lohnausgleich, Angriffe gegen die Tarifautonomie, Senkung der Lohnnebenkosten sind deshalb an der Tagesordnung, einschließlich des Abbaus vielfältiger Regelungen, mit denen der Beschäftigungsrückgang in der Montanindustrie abgefedert wurde. So tragisch es ist, das Festhalten der Gewerkschaften an der Industriegesellschaft des 19. und frühen 20. Jahrhunderts schlägt auf die von ihnen Vertretenen zurück. Nur durch Verschlechterung der Lohn-, Arbeitszeit- und Sozialbedingungen der Beschäftigten lässt sich der Industriestandort Ruhrgebiet retten – besser: noch etwas länger über die Zeit bringen.

Das hat der Unternehmensberater Roland Berger in der Welt vom 17.7.2004 markant beschrieben. Die Überschrift seines Interviews laut: »Wir haben zu viele Industrie-Beschäftigte«. Auf die Frage nach der Notwendigkeit von Arbeitszeitverlängerungen antwortet er, dass alle Industrieunternehmen, die im globalen Wettbewerb stehen und global produzieren können, die Arbeitszeiten verlängern oder die Löhne kürzen müssen. Aber er sagt auch: »Längere Arbeitszeiten sind eine … Zwischenlösung. … Wir stehen in der Übergangsphase von der klassischen Industrie- in die moderne wissensbasierte Dienstleistungsgesellschaft. Diesen Strukturwandel, der neue Arbeitsplätze schafft, müssen wir beschleunigen.« Deshalb wird das Thema Arbeitszeitverkürzung wieder – mit anderen Vorzeichen – auf »der Agenda stehen.« Der Weg in die Dienstleistungsgesellschaft führt nicht über eine Verlängerung der Arbeitszeit. »In Deutschland sind ... noch 27 Prozent der Beschäftigten in der industriellen Fertigung tätig. Und das ist immer noch viel zu viel, wie der Vergleichswert von 16 Prozent in den Vereinigten Staaten zeigt. Da die mannlose Fabrik Realität wird, müssen wir uns auf Dienstleistungen und Hochtechnologien rund um diese Fabrik konzentrieren. Wir müssen Roboter entwickeln und produzieren, mit denen hergestellt wird, anstatt weiterhin auf Tätigkeiten zu konzentrieren, die morgen ohnehin Roboter übernehmen werden.«

Teil III

Weltstadt Ruhr:
In der globalen Wissensgesellschaft

8. Nach der Industriegesellschaft die Wissensgesellschaft

In hoch entwickelten Gesellschaften gibt es natürlich weiter Agrarprodukte und Industrieprodukte, irgendwie sind sie damit Agrargesellschaften und Industriegesellschaften geblieben. Aber für die Produktion von agrarischen und industriellen Gütern wird immer weniger menschliche Arbeitskraft benötigt. Benötigt wird für neue Güter Wissen. Die Herstellung und die Benutzung der Güter ist mehr und mehr mit Dienstleistungen verbunden. Dafür ist Dienstleistungsarbeit erforderlich, die Produktion, Vertrieb und Konsum begleitet.

Wer diese mit Worten beschreibende Analyse nicht nachvollziehen will, dem helfen hier wirklich die Zahlen der Statistik. Gerade bei der Diskussion über Industrie- oder Dienstleistungsgesellschaft können sie für jeden Einsichtsfähigen klare Orientierung bieten. Das gilt für beide wesentlichen Indikatoren, mit denen sich Veränderungen zwischen den drei Sektoren darstellen lassen, für ihre Anteile an den Erwerbstätigen wie für ihre Beiträge zum Sozialprodukt.

Sie haben sich in Westdeutschland so entwickelt:

	1. Sektor	2. Sektor	3. Sektor
1950			
Erwerbstätige	24,6 %	42,9 %	32,0 %
Sozialprodukt	10,7 %	49,7 %	39,6 %
1960			
Erwerbstätige	14,4 %	47,7 %	37,9 %
Sozialprodukt	6,1 %	53,1 %	40,7 %
1970			
Erwerbstätige	8,6 %	46,4 %	44,9 %
Sozialprodukt	3,3 %	48,4 %	48,3 %
1980			
Erwerbstätige	5,3 %	41,1 %	53,6 %
Sozialprodukt	2,0 %	41,6 %	56,5 %
1990			
Erwerbstätige	3,6 %	36,7 %	59,7 %
Sozialprodukt	1,5 %	37,7 %	60,8 %
2003			
Erwerbstätige	2,4 %	27,2 %	70,4 %
Sozialprodukt	1,1 %	28,6 %	70,2 %

Die Tabelle zeigt: Heute sind mehr als 70 Prozent der Erwerbstätigen im Tertiären Sektor tätig und erwirtschaften in diesem Sektor mehr als 70 Prozent des Sozialprodukts. Diese Prozentzahlen zeigen auch, dass die Arbeitsproduktivität im Dienstleistungsbereich generell nicht niedriger ist als im Produzierenden Gewerbe, sonst würden seine Anteile am Sozialprodukt wie an den Beschäftigten nicht nahezu gleich sein.

Für das RVR-Gebiet lassen sich die Anteile an den Erwerbstätigen nur seit 1980 zeigen, die Beiträge zum Sozialprodukt seit 1961.

	1. Sektor	2. Sektor	3. Sektor
1961			
Sozialprodukt	1,4 %	65,0 %	33,6 %
1970			
Sozialprodukt	0,9 %	58,9 %	40,1 %
1980			
Erwerbstätige	1,1 %	47,4 %	51,6 %
Sozialprodukt	0,4 %	49,6 %	50,0 %
1990			
Erwerbstätige	1,0 %	39,0 %	60,0 %
Sozialprodukt	0,3 %	41,8 %	57,9 %
2001			
Erwerbstätige	0,9 %	25,8 %	73,3 %
Sozialprodukt	0,3 %	26,9 %	72,8 %

Zu Beginn des 21. Jahrhunderts liegt also der Anteil des Tertiären Sektors an den Erwerbstätigen und am Sozialprodukt im Ruhrgebiet höher als im westdeutschen Durchschnitt. Ein Blick auf die jüngsten Daten einzelner Städte weist »Dienstleistungsstädte« aus: In Dortmund beträgt der Dienstleistungsanteil der Erwerbstätigen 80,4 Prozent, in Essen 79,9 Prozent, im Durchschnitt der kreisfreien Städten des RVR 75,6 Prozent, in Düsseldorf 83,2 Prozent. Für Dortmund lässt sich exemplarisch feststellen, nicht »Rote Erde«, nicht »Blaumänner«, sondern weiße Kragen, graue Kittel oder grüne Latzhosen bestimmen das Erwerbsleben.

Eine wissenschaftliche Erörterung der langfristigen Bedeutung der Industrie, des Zweiten Sektors der Volkswirtschaft, begann bald nach dem Zweiten Weltkrieg. Schon 1949 entwickelte Jean Fourastier in seinem Buch »Die große Hoffnung des 21. Jahrhunderts« die Theorie von der Verschiebung zwischen den drei Sektoren der Volkswirtschaft. 1973 erschien Daniel Bells »Die nachindustrielle Gesellschaft«. Er spricht dabei bereits über die Wissensgesellschaft. Diese soziologischen und ökonomischen Analysen verbanden sich mit der Industriekritik aus ökologischer und stadtkritischer Sicht. Die Endlichkeit von Ressourcen und damit die Grenzen industriellen Wirtschaftswachstums zeigten Dennis und Donella Meadows 1972 richtig auf. Die Schattenseiten der Industriestadt und die Umweltschäden wurden als einander bedingende Folgen der ungeplanten und unkontrollierten Industrialisierung erkannt.

Im Grunde sind es inzwischen erkannte Grenzen, die die Überwindung der Industriewirtschaft notwendig machen. Sättigung beim Absatz von Konsum- und Investitionsgütern, Endlichkeit von Ressourcen, irreversible Umweltschäden machen diese Grenzen deutlich. Hingegen gibt es bislang keine erkennbare Grenze für die Nachfrage nach Dienstleistungen – sie ist allein durch das verfügbare Einkommen jedes Einzelnen begrenzt. Und noch weniger Grenzen sind für die Wissensleistungen erkennbar, Wissen vermehrt sich kontinuierlich.

Lange galt der Dienstleistungssektor als unproduktiver oder wenig produktiver Sektor. Diese Auffassung bestimmt offenkundig bis heute den Spruch vom »gegenseitigen Haareschneiden«. Sie ist aber längst widerlegt. Es ist vor allem der steigende Anteil wissensbasierter Dienstleistungen, der die gesamtwirtschaftliche Entwicklung bestimmt. Gerade diese werden für die Entwicklung neuer Produkte benötigt. Der Ökonom Ernst Helmstädter schlägt in einer Veröffentlichung des Gelsenkirchener Instituts für Arbeit und Technik aus dem Jahre 2000 vor, die Unterscheidung des zweiten und dritten Sektors an deren Output vorzunehmen: Gütern für das produzierende Gewerbe, Leistungen für den Dienstleistungsbereich. Diese Leistungen sind sehr heterogen.

Helmstädter schlägt auch vor, im Wirtschaftsprozess nicht nur – wie seit dem 19. Jahrhundert – Arbeitsteilung, sondern auch Wissensteilung zu erfassen. Arbeitsteilung sei die laufende Leistungserstellung bekannter Produkte und Dienstleistungen, Wissensteilung die gesellschaftliche Interaktion zur Erstellung neuer Produkte und Dienstleistungen. Folgt man diesem Vorschlag, gibt es arbeitsteilige Dienstleistungen – Handeln, Verkaufen, Bewirten, Reinigen, Verladen, Zustellen, aber auch Recht sichern und anwenden; sowie wissensteilige Dienstleistungen – Maschinen steuern, Programmieren, Planen, Forschen, Entwickeln, Organisation, Management, Ausbilden, Beraten, Informieren.

Die Dienstleistungsarbeitsplätze, die etwa 80 Prozent der Arbeitsplätze hoch entwickelter Volkswirtschaften darstellen, lassen sich im Verhältnis 25:55 arbeitsteiligen beziehungsweise wissensteiligen Leistungserstellungen zuordnen. Dieser dominierende Anteil wissensteiliger Arbeitsplätze rechtfertigt den Begriff Wissensgesellschaft. In ihr sind die Industriegesellschaft und die Produktion industrieller Güter aufgegangen. Seherisch hat diesen Prozess Jean Fourastié 1954 beschrieben: » Die Produktion der materiellen Güter erscheint also in einem vorgerückten Stadium des technischen Fortschritts als äußerst komplizierter Mechanismus, in dem nur der geringste Teil der Arbeitskräfte auf die Ausführung selbst entfällt, während um so mehr zur Vorbereitung, Planung, Beobachtung, Forschung, kurz zum Denken benötigt werden, und in dem diese geistige Arbeit für das Laufen der Maschinen absolut unerlässlich sein wird.«

Wenn es nur um Begriffe geht, kann das auch als die Höherentwicklung der Industrie bezeichnet werden – wenn es denn emotional gut tut.

Die Zahlen der amtlichen Statistik zeigen: Die Dienstleistungswirtschaft mit arbeitsteiligen wie mit wissensteiligen Arbeitsplätzen ist auch im Ruhrgebiet angekommen. Ruhr ist als Stadt in der Wissensgesellschaft möglich. Es ist notwendig, ihre Zukunftschancen zu sehen. Dazu gehört, dass sie anders als die Industriegesellschaft nachhaltig ist. Ohne die Kurzfristigkeit industriellen Denkens, übrigens unabhängig vom politischen beziehungsweise wirtschaftlichen System, gäbe es nicht die Notwendigkeit, nachhaltige Entwicklungsstrategien zu entwerfen. Für Ruhr stellt sich so die Aufgabe nachhaltiger Stadtentwicklung in ökonomischer, sozialer und ökologischer Dimension.

Das erfordert eine wissensbasierte wirtschaftliche Entwicklung, die die Nachfrage nach Dienstleistungen wie technologische Innovationen nutzt.

Das erfordert lebenslanges Lernen als Voraussetzung der lebenslangen sozialen Integration möglichst aller Bewohner in die Erwerbsgesellschaft. Alle, vom Kindergarten bis in das hohe Alter, zu beflügeln, an der sozialen Kommunikation in Arbeit und Freizeit, eine der drei Leitideen, die Stadt ausmachen, teilzunehmen, ist die zentrale Herausforderung auch für Ruhr.

Das erfordert eine städtebauliche Strategie, die natürliche und gebaute Umwelt integriert, bestimmt von der Erfahrung, dass Verstädterung eines der Merkmale europäischer Gesellschaften geworden ist, und diese Verstädterung die Zäsur zwischen Stadt und Landschaft hat hinfällig werden lassen. Diese nachhaltige Stadtentwicklungspolitik hat Binnen- und Außenaspekte. Die Herausforderungen der Wissensgesellschaft und der Nachhaltigkeit stellen sich in jeder großen Stadt, sie sind gesellschaftliche Herausforderungen zu Beginn des 21. Jahrhunderts. Für Weltstädte kommt die globale Vernetzung wissensbasierter und nachhaltiger Stadtentwicklung als zusätzliche Chance hinzu, als Umschlagplatz von Wissen, Standort von global agierenden Unternehmen, Integrationsraum für Zuwanderung, Vermittlungsplatz für Sprachen. Und städtebauliche Strategien für verstädterte Gesellschaften können global beispielgebend sein.

Standort für global handelnde Unternehmen stärken: Zukunftsfähige Wirtschafts- und Arbeitsmarktentwicklung – global eingebettet

Die zentrale Frage lautet: Welche einkommenssichernde Arbeit gibt es in der Dienstleistungs- und Wissensgesellschaft für eine Weltstadt Ruhr? Die erste Antwort ist selbstredend: Heute schon arbeiten 80 Prozent, bei höherem Wirtschaftswachstum bald 90 Prozent nicht für die Erstellung von Gütern, sondern von Leistungen. Ohne diese Orientierung gibt es Fehlentwicklungen, die zu schweren Enttäuschungen bei Arbeitssuchenden führen. Junge Bergleute, Stahlbauer, Tischler finden keinen Arbeitsplatz, Köche, Gärtner, Pfleger und Informatiker hingegen finden ihn.

Zunächst ist auf die Zunahme arbeitsteiliger Dienstleistungsarbeitsplätze zu blicken, nach denen vorrangig Binnennachfrage besteht. Sie folgt zwei tief greifenden gesellschaftlichen Veränderungen:

– dem Anspruch auch aller Frauen, Erwerbsarbeit leisten und damit Einkommen erzielen zu können,
– dem glücklichen Umstand, dass die Lebenszeit und damit vor allem die erwerbsarbeitsfreie Zeit der Menschen zugenommen hat.

Beides führt zur Nachfrage nach im weiteren Sinne sozialen Dienstleistungen. Viele solcher Dienstleistungen, die früher nicht erwerbstätige Frauen als »Hausarbeit« erbrachten, werden heute am Markt oder als steuerfinanzierte öffentliche Leistungen nachgefragt. Besondere Bedeutung hat hierbei die Gesundheitswirtschaft. Das Konzept der Landesregierung zur Gesundheitswirtschaft ist richtungweisend.

In der Weltstadt Ruhr hat dann weiter die Außennachfrage Bedeutung; sie richtet sich auf wissensteilige Leistungen, die verbunden sein können mit dem im Ruhrgebiet vorhandenen produktorientierten Wissen aus der Industriephase.

Seit der ersten Formulierung von technologischen Arbeitsfeldern im Technologieprogramm »Zukunftstechnologien« sind immer wieder ruhrgebietsspezifische Cluster oder Kompetenzfelder abgesteckt worden. Das ist nicht falsch, aber zu wenig. Vor allem fehlt vielfach die Umorientierung von den Gütern zu den Dienstleistungen. Das gilt auch für die Energiewirtschaft. Gerade hier kann vom Ruhrgebiet aus die technologische Erfahrung von der Energieproduktion bis zu den Energiedienstleistungen genutzt werden.

Es hat wieder eine Diskussion um globale Energieknappheit begonnen. Sie ist ausgelöst vor allem durch die wachstumsbedingt steigende Nachfrage in China und Indien. Aber diese Nachfrage kann nicht durch mehr Stein- oder Braunkohleförderung in Nordrhein-Westfalen bedient werden. Es ist sicher, dass nur eine grandiose Steigerung der Energieproduktivität und die breite Nutzung erneuerbarer Energien diese Nachfrage erfüllen können. Es wäre schon schmerzlich, wenn im Ruhrgebiet wieder vermehrt subventionierte Steinkohle gefördert würde, während China das technologische Wissen um Energieproduktivität, Energiedienstleistungen und erneuerbare Energien aus anderen Ländern importieren und dann selbst entwickeln würde.

In einzelnen Ruhrgebietsstädten, besonders transparent in Dortmund, wird der Einstieg in die Wissensgesellschaft zu gestalten gesucht. Das »dortmund-projekt« konzentriert sich auf »Neue Führungsindustrien«: Informationstechnologie, Mikrosystemtechnik, e-Logistik. Sie sollen mit den ansässigen Forschungsinstituten – Fraunhofer-Institute sind in den Bereichen Logistik und Systemtechnik tätig – kooperieren. Auch die Maßnahmen anderer Städte sind darstellbar – Problem bleibt, dass die informative Bündelung nach außen hinter der Hamburgs oder Münchens zurückbleibt.

Die RAG, die frühere Ruhrkohle, stellt sich in ihren Unternehmenspublikationen als globales Unternehmen mit großem Dienstleistungsbereich dar. In die Tagesmedien jedoch gerät die Nachricht: sie wolle eine neue Kokerei bauen – dagegen ist nichts einzuwenden, wenn sich das rechnet – und eine neue Zeche erschließen, was ökologisch und stadtstrukturell mindestens problematisch ist und sogar unsinnig, wenn öffentlich subventioniert. Die Mittel werden für die Integration der jüngeren Generation in die Wissensgesellschaft unvergleichlich notwendiger benötigt.

9. Geschichte ist gerade für Ruhr Voraussetzung von Zukunft

Im Sommer gibt es im Ruhrgebiet die Nacht der Industriekultur. Zigtausende Einheimische wie Fremde machen mit. Eine »Route der Industriekultur« ist beschildert, sie kann immer gefahren werden. Die Pflege der Industriedenkmäler in der Agglomeration an Ruhr und Rhein seit den 1970er Jahren ist Teil des Alltags geworden, geschichtliches Bewusstsein von Industriekultur ist entstanden. Fast zwangsläufig führt das auch zu der Frage, ob es schon etwas vor den steinernen und stählernen Fördertürmen, vor den Hochöfen gab. Die Industrie hat etwas Überwältigendes. Was vorher war wird zugeschüttet, zuerst physisch, dann mental. Die Industrie erweckt so den Eindruck von Alternativlosigkeit. Das macht sie zukunftsunfähig und erschwert den Menschen, die sie in Anspruch nimmt, auch das Finden gewachsener Identifikationsmöglichkeiten.

Identität erwächst nicht aus der Gegenwart. Dafür ist Gegenwart nicht genug reflektierbar. Identität erwächst aus historischem Abstand. Ohne Abstand von gegenwärtigen Verhältnissen wird Bewusstsein leider einseitig, positiv wie negativ. Das als typisch beschriebene Ruhrgebietsbewusstsein ist in diesem Sinne kurzfristig. Es sollte multipel sein. Daraus folgt zumindest eine doppelte identitätsnotwendige Aufgabe. Die Industrialisierung muss Geschichte werden – das ermöglicht ihre reflektierende Würdigung. Und gleichzeitig kann die Geschichte davor wieder entdeckt werden und zur Identitätsfindung beitragen. Auch die Menschen in den europäischen Industrieagglomerationen haben ein gemeinschaftliches Erbe aus der Zeit davor. Auch zwischen Ruhr, Emscher und Rhein waren die Römer – auch wenn sie hier auf ihre von den Germanen gesetzten Grenzen stießen –, auch hier gab es Mittelalter, Renaissance, frühe Neuzeit.

Sichtbar ist diese Vergangenheit in geschützten Monumenten, die ganz alten nur noch der Archäologie zugänglich, seit dem frühen Mittelalter als Kirchen, Burgen, Schlösser, Herren-, Bürger-, Bauern- und Arbeiterhäuser erhalten. Bauten der Romanik, Gotik, Renaissancearchitektur und des Barock gibt es im Ruhrgebiet wie andernorts in Europa. Allerdings sind sie hier an den Rand und in Nischen gedrängt, von der Fülle und durch die Monumentalität der Bauten der Industrialisierungszeit. Sie hat etwas baugeschichtlich Neues gebracht: die Industriearchitektur, idealer weise zu beschreiben als Gebäude, deren Grundriss aus den Anforderungen der Produktion definiert wird, deren Zweck sich nach außen sichtbar manifestiert und bei denen industriell produzierte Materialien verwendet werden. Ganz wesentlich ist der seit dem 19. Jahrhundert massenhaft verfügbare Baustoff Eisen, der schließlich den Eisenskelett-Geschossbau möglich machte.

Technisch-funktionale Konstruktionen können sich dabei hinter vielfältig variierenden Fassaden verbergen; vor allem der Historismus hat hier seine Zeichen gesetzt, Ausdruck einer historisch überholten deutschen Größensucht, die dann auch im Ersten Weltkrieg desaströs zusammenbrach. Danach kommt stärker die Funktionalität des Industriebaus zum Ausdruck. Höhepunkt wird das zwischen 1927 und 1932 gebaute Bergwerk Zollverein Schacht XII in Essen-Katernberg, entworfen von Fritz Schupp und Martin Kremmer. Dieses in seiner Zeit modernste Bergwerk ist Symbol für die Rationalisierung, die großunternehmerisches Denken weltweit bestimmt. Wolfgang Ebert schätzt Zollverein XII als bedeutendstes Industriedenkmal des 20. Jahrhunderts ein, für andere ist es die Ikone der Industriekultur im Ruhrgebiet. 2000 setzt es die UNESCO auf die Liste des Weltkulturerbes. Damit wird herausgehoben dokumentiert, dass auch Zechen, Eisenhütten und Fabriken ihre kulturelle Bedeutung haben, auch sie sind in die Stadt des 21. Jahrhunderts, die sich als Stadtlandschaft historisch konkretisiert, integrierbar.

Die doppelte identitätsstiftende Aufgabe für das Ruhrgebiet kann vor allem die Stadtentwicklungspolitik erfüllen, durch Integration der Industriearchitektur und der Denkmäler vorindustrieller Baugeschichte. Überall in Europa sind es Kirchen, Häuser der Herren und Häuser der Wirtschaftenden und Arbeitenden die Stadtbilder bestimmen. Ihre städtebauliche Integration zeigt, auch Ruhr gründet auf der alten europäischen Stadt. Sie in einen städtischen Entwicklungszusammenhang mit dem hier Neuen, der Industriearchitektur, zu bringen, macht Ruhr zukunftsfähig, indem diese Stadt dann mit dem Faszinierenden lebt, das Ruhr zur Millionenstadt hat werden lassen, den »Kathedralen der Arbeit«, wie der Titel eines beeindruckenden Bildbandes zur historischen Industriearchitektur in Deutschland von Wolfgang Ebert und Achim Bednorz lautet.

Industriedenkmäler

1970 fand in der Stadtverordnetenversammlung in Bochum eine strittige Diskussion statt. Aus Dortmund sollte das Fördergerüst des Bergwerks Germania auf das Bergbaumuseum in Bochum, das es seit 1935 gibt, versetzt werden. Bochum, die Bergbaustadt, hatte inzwischen kein Fördergerüst mehr. Nur knapp, vor allem gegen Berg- und Stahlarbeitervertreter, fiel die Entscheidung für das Fördergerüst. Fördergerüste waren seinerzeit noch nicht als identitätsstiftend zu Bewahrendes im breiten Bewusstsein der Revierbürger angekommen.

Zu ihrem Abschluss legte die IBA Emscher-Park die Denkschrift »Nationalpark der Industriekultur im Ruhrgebiet« vor. Dazwischen liegt ein Vierteljahrhundert, es hatte die Eröffnung des Museums technischer Kulturdenkmale in

Hagen 1973 gegeben, in Bochum 1975 den Weltkongress für Industriearchäologie, schließlich die Gründung des Rheinischen und des Westfälischen Industriemuseums 1979. Das Rheinische hat inzwischen sechs Standorte, davon einen im Ruhrgebiet, einen weiteren in Ratingen im Kreis Mettmann, das Westfälische acht, davon sechs im Ruhrgebiet. Die IBA selbst hat mit den kulturellen Nutzungen des Hüttenwerks in Duisburg-Meiderich, im heutigen Landschaftspark Nord, und des Gasometers in Oberhausen gezeigt, wie Industriedenkmäler in die europäische Stadt integriert werden können. Das Konzept für die Nutzung des Weltkulturerbes Zollverein XII in Essen ist nach europaweiter Ausschreibung von dem weltweit tätigen niederländischen Architekten Rem Kolhaas entworfen.

In der Denkschrift der IBA heißt es: Ein Nationalpark der Industriekultur ist erstmalig und bis auf weiteres einmalig. Keine andere Industrieregion der Welt eignet sich dafür besser, denn das Ruhrgebiet ist die größte industriegeprägte Region in Mitteleuropa. Nirgendwo anders ist die industrielle Überformung einer vorindustriellen Landschaft so total, und der Ablösungsprozess ist weit fortgeschritten.

Diese Einschätzung erlaubt es, über den Namen nachzudenken. Und das führt über das »Welt«-kulturerbe zum »Welt«-park der Industriekultur – in der Weltstadt Ruhr. Schon der Name hilft, den Nationalpark der Industriekultur vom in der Öffentlichkeit verankerten Nationalpark-Verständnis abzusetzen, der mit den Nationalparks Bayerischer Wald, Berchtesgadener Alpen oder Wattenmeer verbunden ist. Diese Nationalparks sind Reservate von Natur an den Rändern der verstädterten Landschaft. Der Weltpark der Industriekultur aber kann kein weit zusammenhängender Raum sein. In einer urban-industriellen Landschaft ist er ein Netzwerk von Standorten und umgebenden Arealen. Diese Standorte und Areale, »die sich in ihrer Andersartigkeit der realen Situation und der gewollten Entwicklungsperspektiven aus dem ›Meer der Gewöhnlichkeiten‹ hervorheben, aber nicht abkapselnd, sondern maßstabbildend auf ihre Umgebung wirken«.

Diese Beschreibung des Raummodells des Parks der Industriekultur macht deutlich, dass er nachhaltige Stadtentwicklung par excellence wäre. Er soll nicht »konservierend-statisch« sein, sondern er soll »die wertvollen und einzigartigen Ressourcen in der Industrielandschaft für künftige Entwicklungen schützen: Prozessschutz für Natur und Kultur, Schutz für Kreativität und Phantasie, aber auch Schutz gegen Banalisierung« sind »drei Schutzprinzipien«, die nach der Denkschrift Entwicklung bestimmen sollen.

Mit der bewussten Integration der Industrielandschaft in die städtische Entwicklung wird ein Aspekt der industriellen Geschichte prägender Teil einer Stadt. Das ist nach aller historischen Erfahrung möglich, weil jetzt die Voraussetzungen für die Herausbildung einer neuen Kulturlandschaft gegeben sind, nachdem die einst dominierende Wirtschaftsform der Großindustrie ihre Funktion verloren hat. Die Assoziation zum Kölner Dom drängt sich auf. Als politische Macht der Erzbischöfe und wirtschaftliche Macht der Freien Reichsstadt geschwunden waren, machte preußischer Denkmalschutz den Kölner Dom zur Ikone der Stadt, der preußische König Friedrich Wilhelm IV. ließ ihn vollenden. Im Übergang von der Industriegesellschaft zur Wissensgesellschaft besteht die Chance, die Kultur der Industrialisierung mit ihren markanten baulichen, technischen und landschaftlichen Ausprägungen zum Ausgangspunkt für die Gestaltung der zukünftigen Stadtlandschaft zu machen.

Ein zweiter anderer Aspekt der industriellen Geschichte, der heute seine hohe soziale Qualität erweist, sind die Arbeitersiedlungen. Arbeitersiedlungen sind ein bauliches Erbe, das eben nicht die Schrecken der Hochindustrialisierung – die Mietskasernen der Gründerzeit – in die Gegenwart transportiert, sondern die Durchmischung der Stadt mit Häusern und Grün. Das Hinterhofmilieu Berlins ist nicht das Milieu dieser Siedlungsform an Ruhr und Rhein. Hier haben sich Wohnformen entwickelt, »die sowohl den mitgebrachten Lebensformen, als auch den neuen Lebensumständen der von der Landarbeit zur Industriearbeit wechselnden Menschen entsprechen konnten«, schreibt Lothar Juckel.

Der Kampf der Bewohner für die Erhaltung dieser Wohnform ist sehr erklärlich: Es war nämlich so etwas wie ein Privileg, in diesen meist werkseigenen Arbeitersiedlungen zu leben. »Man wohnte in Mehrfamilien-Doppelhäusern, in Reihenhäusern, in niedrigen Geschosshäusern. Sie waren zwar in einfacher Bauweise errichtet, aber durchaus von architektonischer Gestaltung. Jede Wohnung hatte einen eigenen Zugang, aber vor allem einen Nutzgarten oder ein Stück Grabeland.« Heute werden die Ställe nicht mehr zur Tierhaltung gebraucht, stattdessen haben sich die erhaltenen Werkssiedlungen zu blumenreichen Wohnbereichen entwickelt, die das neue Verhältnis von Stadt und Natur zeigen.

Die Arbeitersiedlungen sind damit bereits in die Stadt integriert. Wenn das auch für die Kathedralen der Arbeit realisiert sein wird, sind besondere Elemente einer »neuen« europäischen Stadt Ruhr im Alltag erfahrbar.

Denkmäler vor der Industrialisierung

In den 1980er Jahre gab es in Dortmund die Initiative, einen Turm der mittelalterlichen Stadtmauer, den Adlerturm, wiederzuerrichten. Die Fachwelt der Denkmalschützer verstand das nicht. Noch Erhaltenes sei zu bewahren, Rekonstruktion sei neohistorischer Denkmalkult. Viel intellektuell Anspruchsvolles wurde argumentativ aufgeboten, das Identitätsstiftende der Initiative aber verkannt: Eine Stadt findet ihre vorindustrielle Vergangenheit wieder. Schon zuvor hatte es erfolgreiche Bemühungen gegeben, der gotischen Petrikirche ihren Turmhelm wiederzugeben. Später entdeckten Denkmalschützer im verlassenen Verwaltungsgebäude der Hoesch-Stahlwerke in Dortmund-Hörde eine mittelalterliche Burg. Und jetzt beginnt in Hörde wieder Wasser in einen See zu laufen, den es vor der Industrialisierung gegeben hat. Ganz anschaulich wird zugeschüttete Geschichte wieder Gegenwart und passt in die Stadtlandschaft.

Natürlich ist auch zwischen Ruhr und Rhein Baugeschichte nicht überall verschwunden. Herausragende Monumente haben zumindest im Bewusstsein Interessierter überdauert. Die Römerstadt in Xanten, der von Karl dem Großen angelegte Hellweg mindestens als Name, die Syburg bei Dortmund, wo er die Sachsen besiegte, romanische Kirchen in Essen und Werden, gotische in Duisburg, Dortmund und Wesel, Schloss Broich in Mülheim und das Renaissance-Schloss Horst in Gelsenkirchen – nur unvollständige Beispiele. Dennoch: vorneuzeitliche Städte – das verbindet sich nicht mit dem Ruhrgebiet. Aber gerade auch sie müssen erweckt werden – für Ruhr als bedeutende europäische Weltstadt, für viele ihrer heutigen Städte und Stadtteile. Einen Vorgeschmack, was möglich wäre, gibt Gregor Spohr mit dem Bildband »Romantisches Ruhrgebiet: Burgen – Schlösser – Herrenhäuser«. Eine Ergänzung bietet der »Führer durch 22 Burgen und Herrenhäuser im Ruhrtal« verbunden mit »Geschichten von Grafen, Bischöfen und feigen Morden«, geschrieben von Harald Polenz. Erforderlich dafür ist stadtpolitischer Wille. Ruhr muss sich als europäische Stadt präsentieren, mit Selbstverständlichkeit und Selbstbewusstsein. Auf dieser Haltung können dann Außenwerbung und Präsentation aufbauen, die auch touristisch wirksam sind.

Manche bauhistorische Präsentation, die bislang wenig beachtet wird, hätte ihren Platz in der Stadt Ruhr. Xanten im Kreis Wesel war die nördlichste Römerstadt. Der vom Landschaftsverband Rheinland getragene Archäologische Park ist eindrucksvoll. Gerade ist ein dazu ergänzender Museumsneubau beschlossen. Der Landschaftsverband Westfalen hat sein Archäologisches Museum in Herne. Hattingen im Ennepe-Ruhr-Kreis gehört zum Arbeitskreis der Städte mit historischem Stadtkern, Düsseldorf-Kaiserswerth und Velbert-Langenberg im Kreis Mettmann auch. Zum Landesprogramm Historische Ortskerne gehören Hattingen-Blankenstein und Herten-Westerholt. In Wesel gibt es den rheinischen Sitz des Preußen-Museums Nordrhein-Westfalen.

Könnte es etwas geben, das historische Bauten in Ruhr noch stärker bewusst macht, mit Wirkung nach innen und außen? Kathedralen der Arbeit zeigen monumental das bauliche Erbe der Industrialisierung, Arbeiterhäuser entsprechen, durch die historische Entwicklung bestimmt, den Bürgerhäusern anderer Städte. Was fehlt ist die bewusste Präsentation der kulturellen Leistungen der Herrschenden, in der Fülle ehemaliger Residenzstädte anderenorts in Deutschland wie selbstverständlich dargeboten. Die Staufer-Ausstellung war für Baden-Württemberg identitätsstiftend, in Ostwestfalen gibt es das Museum der Weser-Renaissance und in Sachsen-Anhalt die Bauten der Ottonen. Nach den Denkmälern solcher Zeiten fragt im Ruhrgebiet kaum jemand. Gerade deshalb macht es Sinn, Herrenhäuser auch hier zu präsentieren – von der Syburg und Burg Blankenstein, Abtei Werden und Schloss Horst bis zur Villa Hügel und den Rathäusern des 20. Jahrhunderts. Rathäuser sind durchaus auch Herrenhäuser, wenn das Wort Ratsherren gegenwärtig ist. Allerdings gibt es nicht erst seit der Einführung der Gleichstellung in die Verwaltungssprache auch Ratsfrauen. Schloss Borbeck in Essen ist in diesem Sinne ein »Herrinnenhaus«, das der Äbtissinnen von Essen.

Die gebauten Monumente der jeweils Herrschenden gehören zur Geschichte. Ihre Leistungen lassen sich mit Abstand würdigen, Unterwerfung und Unterdrückung wie wirtschaftliche Entwicklungsförderung oder geistige Sinnstiftung. In Ruhr sollte diese würdigende Präsentation die Herrenhäuser der Industriellen einbeziehen. Was den Grafen und Herzögen von der Mark und von Berg recht geschieht, sollte auch für Krupp und Thyssen gelten. Die »Kultur der Herrenhäuser« oder der »Herren- und Herrinnenhäuser« könnte der Name eines Museums an vielen Standorten in Ruhr sein, das an der Seite der Standorte der Industriekultur seinen Platz hat. Ruhrgebietsbesuchern jedenfalls fällt bislang Villa Hügel öfter spontan ein als der Oberhausener Gasometer.

Erlebnis- und Kommunikationsort für Kultur und Freizeit – ein einzigartiger Ort gebauter Geschichte

Industriekultur und europäische Stadt- und Baukultur, beides stiftet Identifikationsbezüge. Sie kann der Bürger in Ruhr finden. Sein Stolz wächst, wenn auch der Zugereiste seinen Respekt erweist. Dieses Dauerinteresse hängt von der Stadt und ihrer europäischen Lebensform als ganzes ab. Und dies ist ohne die vor der Industrialisierung entstandene Baukultur nicht erreichbar. Auch das gastronomische Angebot, die Aufenthaltsqualität für Besucher nach dem Besuch von Zollverein oder der RuhrTriennale, Gasometer Oberhausen oder Ruhrfestspiele, Villa Hügel oder Essener Münster, entsteht aus langer Geschichte. In keiner Stadt Europas verbinden sich beide Epochen der gebauten Stadtgeschichte so wie in Ruhr. Ziel muss es sein, andere Metropolen als defizitär erscheinen zu lassen, weil sie Industriearchitektur nicht in die Stadt integriert haben. Das gelingt nur, wenn in Ruhr die vorindustrielle Architektur wieder lebendiger wird.

10. Die »Neue Stadt«:
Stadt und Landschaft in einem

Ruhr ist eine »Neue Stadt« – »neu« selbstverständlich innerhalb der jetzt mehr
als zweitausendjährigen Kontinuität der europäischen Stadt. Veränderungen, die
zu Verhältnissen und Zuständen führen, die dieses Prädikat »neu« verdienen, geschehen langsam. Bei der Komplexität, die Stadt ausmacht, müssen sich unterschiedliche Veränderungsstränge treffen und vermischen – soziale, technologische, wirtschaftliche, politische. Die Veränderungen müssen dann auf Begriffe
gebracht werden, um in ein breites Bewusstsein zu gelangen, zunächst der Fachwelt, dann der Öffentlichkeit. Ein bündelnder Begriff, wie es »Neue Stadt« einer
ist, birgt weiter das Risiko, Veränderungen unzulänglich interpretiert, ihre
Neuigkeit überschätzt zu haben.

Was sind die Stadt verändernden Entwicklungen, die den Begriff »Neue
Stadt« für Ruhr rechtfertigen? Zunächst lange Bekanntes, das industrieinduzier-
te Wachstum der Bevölkerung, das ein Wachstum der Besiedelung nach sich zog.
Es konzentrierte sich auf die großen Städte, führte dort zu übermäßiger Dichte
und zur Verslumung. Der soziale Ausweg, die Suche nach mehr Wohnraum, verbunden mit der Flucht aus der Stadt, führten zur Zersiedelung, zum Verbrauch
von Landschaft, zur Suburbanisierung. Die große Stadt wurde merkwürdig wi-
dersprüchlich bewertet. Blieb sie kompakt, wurde sie zum sozial unerträglichen
Moloch, weitete sie sich in die Landschaft aus, wurde damit sozial erträglicher,
verlor sie ihre Charakteristika und wurde zum ökologischen Problem. Der Gegensatz von Stadt und Natur ging verloren.

Die Industrialisierung zuvor agrarischer Landschaften ließ die Frage aufkommen, ob diese massierten Siedlungen überhaupt Städte seien. Im Ruhrgebiet gingen die Vergrößerung von Städten und Industrialisierung von Landschaften ineinander über. Städte und Industriestandorte wuchsen aufeinander
zu, die Zäsuren zwischen Stadt und Grün verschwanden, »natürliche« Begren-
zungen einzelner Orte sind nicht erkennbar. Das bedeutete Zersiedelung, aber
ein Zwang zu übermäßiger Verdichtung bestand nicht, Wohnen mit Grün war
möglich, eine Perspektive, die erst mit der Deindustrialisierung erkannt werden
kann.

Mit der Deindustrialisierung wendet sich weltweit die Bewertung von Städten
ins Positive und das entspricht ihrer Wahrnehmung durch Bewohner und Besucher. In den Vereinigten Staaten ist das im Alltag erfahrbarer als in Europa. Die
Brandruinen des New Yorker Stadtteils Bronx, noch zu Beginn der 1980er Jahre
Menetekel für das Scheitern der großen Stadt, sind verschwunden – es wohnen
wieder Menschen in den restaurierten Häusern. Die Industrienebel und der

Kohlenstaub, die das Atmen in Pittsburgh schwer machten, sind verflogen, Pittsburgh versteht sich als zukunftsfähig.

Gerade im Ruhrgebiet sind zuvor verschlossene Industrieareale geöffnet, sie zeigen sich als Orte industrieller Monumentalität wie frei wachsenden Grüns – auf Zollverein in Essen, Rheinelbe in Gelsenkirchen, City-West in Bochum. Weil die systematische Schädigung der Natur, die durch die Emissionen der industriellen Prozesse auf die Menschen zurückschlug, als soziale und ökologische Gefahr erkannt und eingedämmt wurde, sind Stadt und Natur wieder sichtbar, nicht getrennt, sondern verwoben. Das hat radikal das Verständnis von Landschaft verändert, sie wird erkannt als das, was sie immer war, als kultivierte Natur, als Kulturlandschaft.

88 Prozent Deutschlands sind inzwischen verstädtert. Die Kulturstadt hat sich ausgebreitet. Das hat die Zustimmung zur Stadt als Lebensform wieder belebt. Diese Erkenntnis, das Natur in der Wirklichkeit Kulturlandschaft ist und der Wunsch die städtische Kultur zu leben, bestimmen die »Neue Stadt«. Der Begriff für diese aus der Lebensform und den Bedürfnissen der Stadt heraus kultivierten Landschaft ist der Park. Vom Schlosspark über den Kurpark eben zum Stadtpark dominiert dabei noch das gepflegte Grün. Beim asphaltierten Parkplatz für Autos ist es verloren gegangen, im Industriepark zunächst auch, beim Wohnpark und beim Freizeitpark kommt es wieder hervor, beim Arbeiten im Park und beim Park der Industriekultur kann es prägend für die europäische Stadt in der Wissensgesellschaft werden.

Veränderungen müssen auf den Begriff gebracht werden, um sie zu verstehen. Das hat Thomas Sieverts versucht. Gerade aus seiner Mitwirkung bei der IBA Emscher-Park hat er begrifflich die »Zwischenstadt« in den Blick gerückt, die Zwischenstadt »zwischen Ort und Welt, Raum und Zeit, Stadt und Land«. Sein Versuch »handelt von der Auflösung der kompakten historischen europäischen Stadt und von dem Umgang mit einer ganz anderen, weltweit sich ausbreitenden neuen Stadtform. Der verstädterten Landschaft oder der verlandschafteten Stadt«. »Es ist die Stadt, zwischen den alten historischen Stadtkernen und der offenen Landschaft, zwischen dem Ort als Lebensraum und den Nicht-Orten der Raumüberwindung, zwischen den kleinen örtlichen Wirtschaftskreisläufen und der Abhängigkeit vom Weltmarkt«. Sieverts verbindet erklärend diese Stadt mit grundlegenden Veränderungen:
– der fast vollständigen Durchdringung der Natur durch den Menschen und den sich damit auflösenden Gegensatz zwischen Stadt und Natur,
– der weltweiten Arbeitsteilung und der veränderten Stellung der Stadt in der Weltwirtschaft,

– der Auflösung kultureller Bindungskräfte der Stadt und damit der radikalen kulturellen Pluralisierung der Stadtkultur. Er stellt dann die Aufgabe, »neue Formen einer europäischen Stadt zu finden und zu entwickeln, in der die historische Stadt geschützt und als besonderer, weil wenn einmal zerstört, nicht zu reproduzierender Stadtteil ›aufgehoben‹ ist. Freilich wird sie im Interesse der Erhaltung ihrer historischen Wesenszüge bestimmte zentrale Aufgaben abgeben müssen und damit zu einem – wenn auch einzigartigen – Stadtteil unter anderen werden. Europa könnte so zu einer europäischen Ausprägung des globalen Stadtmusters einen eigenständigen Beitrag leisten: Dieser knüpft zwar an die großen Traditionen der europäischen Stadt an, aber nicht in einer defensiven, rückwärts gewandten Weise, sondern in offensiver Wahrnehmung der neuen Möglichkeiten, die … in der Globalisierung stecken«.

In diesen Überlegungen steckt konkret Realisierbares für Ruhr. Seine historischen Kerne, Hattingen oder Langenberg, sind es mit »landespolitischem Stempel«, sie gehören zur Arbeitsgemeinschaft historischer Stadtkerne, in Duisburg wird die mittelalterliche Stadt wieder gefunden, Dortmund und Essen können aus dem Bauerbe ihrer romanischen und gotischen Kirchen mehr machen.

Gründerzeit nicht in Form von Mietskasernen dokumentieren die im Rückblick ihrer Zeit weit voraus weisenden Arbeitersiedlungen. Die Stadtteile um die Kathedralen der Industriekultur sind noch eine großartige Gestaltungsaufgabe. Die verstädterte Landschaft des Ruhrgebiets ist das kulturelle Ergebnis der totalen industriellen Überformung. Ihre kulturhistorische Entstehung ist mit anderen Landschaften und mit anderen Städten nicht zu vergleichen.

Heute beklagen viele, dass der eigenwilligen Schönheit dieser Industrielandschaft über lange Zeit mit einer hartnäckigen Verweigerung begegnet wurde, halt verständlich aus ökonomischen, sozialen und ökologischen Gründen. Karl Ganser hat dazu beigetragen, dass sich allmählich der Blick für die neuen ästhetischen Qualitäten von Landschaft in der Industrieagglomeration öffnet. Die Entdeckung einzelner industriekultureller Zeugnisse, Gebäude, Produktions- und Technikanlagen oder selbst Bergehalden als identitätsstiftende Merkmale und wertvolle Potentiale für die Zukunft markiert den nicht musealen Umgang mit diesem historischen Erbe. Um- und Neunutzungsprojekte, authentische touristische Angebote, künstlerische Experimente und ausstrahlende Kulturereignisse rund um Industriedenkmäler zeigen, wie sie in die Stadtentwicklung integriert werden können.

In der Denkschrift für einen Park der Industriekultur sind die »Stadtteile« genannt, in denen diese Denkmäler entwicklungsbezogen integriert sind: eben Zollverein XII in Essen-Katernberg, wo die Entwicklungsgesellschaft Zollverein die städtebauliche Integration begonnen hat, Gutehoffnungshütte Oberhausen,

Bochumer Verein, Thyssen in Duisburg, Ewald in Herne/Herten, Friedrich-Heinrich in Kamp-Lintfort im Kreis Wesel, Hansa in Dortmund.

Vom historischen Stadtkern in Hattingen und der Burg in Blankenstein zum Bochumer Verein im Westen der Bochumer City, von Velbert-Langenberg zur Oberhausener Gutehoffnungshütte – das sind exemplarische, Zeit überspannende Beziehungen von Stadtteilen unterschiedlicher Geschichte in der »Neuen Stadt« Ruhr. Dazu gehören selbstverständlich die im 19. Jahrhundert entstandenen und nach dem Zweiten Weltkrieg wieder aufgebauten Zentren und Stadtkerne, dazu können auch neue Zentren wie die Neue Mitte in Oberhausen gehören, wenn sie städtebaulich integrierbar sind.

Es stellen sich dann übergreifende konzeptionelle Aufgaben. Vor allem ist das ein umfassendes ökologisches Verständnis der weiteren Stadtentwicklung. Dieses Verständnis muss zwei Dimensionen haben: rückblickend Wiedergewinnung von industriell Überschüttetem und zukunftsgerichtet Vermeidung neuer Risiken und Gefahren.

Was zwischen Ruhr, Emscher und Lippe fehlt ist das Erlebnis von Wasser, obgleich Flussnamen die Agglomeration gliedern. Die Ruhrindustrie ist mit den Wasserläufen der Region in extremer Weise »naturbeherrschend« umgegangen. Sie wurden zu – meist stinkenden – Kanälen der Wasserentsorgung umfunktioniert. Das galt lange sogar als vorbildlich. Aber die Zeit der vollständigen Denaturierung regionaler Wasserkreisläufe mit Ferntransport für die Trinkwasserzuführung wie die Abwasserwegführung ist vorbei. Jetzt, so eine Vision Karl Gansers, bietet sich das Emschersystem als »eine bislang nie da gewesene Wasserlandschaft« an, in Gestalt von hunderttausend Tümpeln und Feuchtbiotopen. Sie wird von zwei Wasseradern durchzogen, dem heutigen Rhein-Herne-Kanal und der heutigen Emscher.

Diese »wasserökologische Umbauvision« stellt sich auch einem im »Revier« verdrängten Problem. Zwei Drittel der Flächen zu beiden Seiten der Emscher sind Poldergebiete, die nur trocken bleiben, wenn auf unbegrenzte Zeit Pumpen tätig sind. Das lässt sich ändern, wenn Poldergebiete unter Wasser gesetzt würden. Mit diesem Projekt wird Natur nicht nur als Grün wahrgenommen, Natur ist auch Wasser. Die neue Stadtlandschaft muss beides gestalterisch integrieren. Die Verhängnisse nicht nachhaltiger Vergangenheit zeigen sich in den »ewigen Pumpen« des Bergbaus, die Risiken vorsätzlicher Zerstörung schimmern in Zeiten terroristischer Gefahr auf.

Hier ist Nachhaltigkeit zurück zu gewinnen, in anderen Bereichen zum neuen Gestaltungsprinzip zu machen. Das gilt für die Energiedarbietung, das gilt für »Entwicklung im Park«. Im Ruhr- bzw. Emschergebiet gibt es seit der IBA markante Beispiele der Nutzung von Solarenergie, der Wissenschaftspark in Gelsenkirchen, das Solarkraftwerk auf Zollverein, die Verwaltungsakademie des Landes auf Mont Cenis in Herne, der Stadt, die den europäischen Solarpreis erhalten hat. Die Grundlagen für erneuerbare Energieanwendungen, für Energieleistungen sind vorhanden. Sie könnten zum Gestaltungselement der nachhaltigen Stadt werden.

Die weitere Stadtentwicklung kann für alle Lebensbereiche das Prinzip der gestalteten Kulturlandschaft nutzen: Arbeiten im Park, Wohnen im Park, Freizeit im Park sind die programmatischen Linien. In der Wissensgesellschaft gibt es nur noch wenige Bereiche wirtschaftlicher Tätigkeit, die nicht Grün in die Gestaltung der Arbeitsstätten einbeziehen können. Zum Wohnen gehört Grün schon lange in den Gärten und Vorgärten der Einfamilienhäuser, die erhaltenen und oft privatisierten Werkssiedlungen übertreffen diese an blumenprächtiger Phantasie.

Den Umschlagplatz für Wissen stärken: Globaler Kommunikationsort für Stadtentwicklung

Ruhr hat die Chance, wenn diese Stadtentwicklung erfolgreich bleibt, global Vorbild zu sein. Die Agglomerationen in Lateinamerika und Asien haben auch die Probleme nicht nachhaltigen Wachstums, der Zersiedlung, des Fehlens von Grün und Wasser – nur in weit größeren Dimensionen. Eine erfolgreiche Stadtlandschaft kann ihr Wissen dorthin exportieren. Eine »Neue Stadt« ist ja das eigentliche Ziel der Lokalen Agenda 21. Wenn es die Agglomerationen der hoch entwickelten europäischen Staaten nicht schaffen, hier global noch einmal vorauszugehen, dann hat Europa die technologischen Errungenschaften, auf die es so stolz ist und auf denen noch seine globalpolitischen Ansprüche beruhen, verloren.

Berlin bemüht sich, Schinkels Bauakademie wieder entstehen zu lassen. Schinkel war der große Baumeister eines zu Beginn des 19. Jahrhunderts neuen Preußens. Gleichzeitig hat er in Köln den Dom unter Denkmalschutz gestellt. In Ruhr könnte es eine Bauakademie der neuen europäischen Stadt geben, die eingebettet ist in die globale Wissensgesellschaft. Stadtentwicklungskunst für das 21. Jahrhundert könnte hier für Studierende aus aller Welt gelehrt werden.

11. Globalisierung und Global Cities

Globalisierung

Die »Neue europäische Stadt«, die die Agglomeration an Ruhr und Rhein werden kann, ist nur möglich nach der Deindustrialisierung und damit in der Wissensgesellschaft und mit der Globalisierung. Thomas Sieverts fokussiert das deutlich.

Globalisierung: Stärker denn je ist der Güterverkehr weltweit integriert, der Finanzverkehr ist dabei in neue Dimensionen vorgestoßen, neu ist der weltweite Austausch von Informationen und ihre Nutzung eben durch Wissen. Aber auch Menschen sind weltweit mobil und damit kann jeder mit jedem allerorts in Berührung und gegenseitigem Austausch sein. Das hat seine Bedeutung vor allem für interkulturelle Beziehungen und das macht die Wissensgesellschaft multikulturell, besonders in Agglomerationen und großen Städten erfahrbar.

Die Auswirkungen der globalen Veränderungen auf Staaten, Länder und gerade auch auf große Städte ist immer genauer zu erfassen, damit sie ihr Handeln darauf einstellen können. Die Weltstadt Ruhr ist erst mit der Globalisierung möglich geworden. Sie wird auch nur dann gelingen, wenn sich ihre »Eliten« und möglichst viele ihrer Bewohner mit den Wirkungen, Chancen und Risiken der Globalisierung auseinander setzen. Dazu gehört, dass

- Globalisierung Grundelemente der politischen und gesellschaftlichen Ordnung der Welt in Frage stellt. Der Nationalstaat verliert an Bedeutung. Transnationale und sub-nationale Akteure, gerade auch große Städte, übernehmen Entscheidungsbefugnisse des Staates. Dabei ist
- Globalisierung wie technischer Fortschritt aus sich heraus weder politisch noch ethisch gut oder schlecht.
- Globalisierung kann eine Quelle wirtschaftlichen Reichtums sein – größere Märkte steigern die Produktivität und beschleunigen das Wachstum von Einkommen und Lebensstandard. Für die Exportwirtschaft des Ruhrgebiets ist das als erstes bedeutsam.
- Globalisierung kann aber gleichzeitig eine Quelle der wachsenden Trennung von Reich und Arm sein, die zu Umweltzerstörung beiträgt und zu globalen Wanderungen verbunden mit kulturellen Konflikten führt.

Allerdings können weltweite Offenheit und der Zugang zu unterschiedlichen Kulturen auch als Quelle kulturellen und sozialen Reichtums genutzt werden. Also kann Globalisierung zu mehr Freiheit durch Überwindung sprachlicher, staatlicher oder religiöser Grenzen führen.

Die Risiken werden nur zu vermeiden oder zu beseitigen sein, wenn sowohl ihre wirtschaftlichen wie kulturellen und sozialen Chancen gleichermaßen genutzt werden. Und dieser Prozess vollzieht sich in den großen Städten.

Die Ausbreitung der europäischen Stadt ist mit der Globalisierung verbunden, die Wissensgesellschaft mit der Deindustrialisierung. Wie die Probleme der Industrieagglomerationen keine Erscheinung am Übergang vom 20. zum 21. Jahrhundert sind, so ist es auch nicht die Globalisierung. Sie begann mit der Kolonialisierung der Welt durch europäische Mächte zu Beginn des 16. Jahrhunderts.

Geopolitische Voraussetzung war Wissen, die physikalische Kenntnis des gesamten Planeten Erde. Dazu bedurfte es der kopernikanischen Wende und der Entdeckungen portugiesischer, spanischer und englischer Seefahrer. 1605 mit der Ankunft Thomas Cooks in Australien war die Welt endgültig entdeckt, jedenfalls aus der Wissensperspektive Europas. Diese Entdeckungen und die folgende Kolonialisierung waren unstreitig politisch motiviert, wobei die enge Verflechtung von politischer Macht der jeweiligen Herrscher und ökonomischen Interessen offenkundig war, auch die Verflechtung wirtschaftlicher Interessen und kriegerischer Aktionen.

Die noch vorneuzeitliche Verbindung politischer und wirtschaftlicher Macht, die auch Kolonialbesitz einbezog, führte in die Katastrophe des Dreißigjährigen Krieges, der mit dem Westfälischen Frieden in Münster und Osnabrück beendet wurde. Dabei entstanden im modernen Sinne die Territorialstaaten, darunter Preußen, das für die frühe Industrialisierung auch an Ruhr und Rhein entscheidend war. Und es entstand das Völkerrecht, also ein außenpolitisches System von Staaten.

Die Kolonialisierung war gewaltsame Eroberung und politische Beherrschung, sie vollzog sich mit dem Vordringen von Europäern nach Afrika, Asien, Amerika und Australien. Sie erfasste alle größeren Regionen mit den Ausnahmen China, Japan und Osmanisches Reich. Prototypisch mündete sie in die Herausbildung neuer Staaten mit europäisch-stämmiger, die politische Macht innehabender Bevölkerung, so in Nordamerika, Lateinamerika und Australien, oder in Befreiungskriege der eingeborenen Bevölkerung gegen die europäischen Kolonialherren. Dort, wo europäisch-stämmige Staaten entstanden, verbreiteten sich auch die Vorstellung der europäischen Stadt und die Industrialisierung. Das gilt zuerst für die USA, für New York vor allem, dann für die Zentren und Agglomerationen Lateinamerikas, am größten wurde Sao Paulo.

Diese Vernetzung der Informationen, die zu Wissen verarbeitet werden, hat die Weltgesellschaft entstehen lassen. Global ist menschliches Zusammenleben möglich geworden. Das setzt potentiell die Berührung oder Vernetzung jedes

Menschen mit jedem anderen voraus. Erforderlich ist allerdings eine gewisse Dichte des Zusammenlebens, die sich global durch den Anstieg der Weltbevölkerung von 0,5 Milliarden 1500, auf 1,7 Milliarden 1900, auf 2,5 Milliarden 1950 und 6,4 Milliarden 2004 ergeben hat. Diese zunehmende Vernetzung von potentiell über sechs Milliarden Menschen ist technologisch ermöglicht durch neue Mobilitätstechniken. Sie ist auch im Alltag erfahrbar: in Global Cities, in Städten mit Millionen Einwohnern wie auch in der Agglomeration zwischen Ruhr und Rhein häufiger als in weniger besiedelten Ländern, temporär bei globalen Events stärker als in der Routine des täglichen Lebens.

Von dauerhafter Wirksamkeit bleibt die Ausbreitung des europäischen Weltbildes der Aufklärung, ihrer wissenschaftlich-technischen wie ihrer ethisch-politischen Bedeutung. Dieses Weltbild und das Bild der europäischen Stadt gehören zusammen. Dabei ist es wesentlich, dieses Weltbild nicht als einzigartig und unterschieden von jeglichen anderen kulturellen Leistungen und Prägungen zu begreifen: Wissenschaft und Technik, exemplarisch Chinas oder Arabiens, autochtone Demokratie in verschiedensten vormodernen Gesellschaften sind historische Fakten.

Das wird deutlich bei den Integrationsproblemen von Menschen anderer kultureller Identität in den großen Städten. Sie sind in der Lage europäische Technik anzuwenden, ohne deshalb Europäer als einzigartig zu akzeptieren, ihre eigene kulturelle Würde bewahren sie auch bei Nutzung fremder Techniken. Und sie können Europa mit seinem Versagen bei der Praktizierung des ethisch-politischen Anspruchs der Aufklärung konfrontieren. Menschenrechte, die Idee des Friedens und die Demokratie wurden in Europa seit dem 18. Jahrhundert keineswegs durchgängig politische Praxis, noch weniger wurden sie im Zuge der Kolonialisierung exportiert – im Gegenteil.

Die Weltgesellschaft ist überall multikulturell und multi-ethnisch. Sie benötigt jetzt feste politische Ordnungen und Rahmen, um Konflikte zu beherrschen, die nicht mehr zwischen Staaten ausgetragen werden, sondern zwischen den unterschiedlichen sozioökonomischen und kulturellen Interessen innerhalb der einen Weltgesellschaft. Diese globale politische Ordnung brauchen als erste die großen Städte, sie müssen dabei treibende Kraft werden.

Politik, die in der Stadt begann, in der Neuzeit zur Bildung von Staaten führte, ist offenkundig im 21. Jahrhundert ein Faktum für die Weltgesellschaft. Hier gibt es jetzt das Bemühen um das »gute Leben«, um »bessere« Entwicklung. Im globalen Maßstab ist diese *policy* immer noch Monopol der Staaten, es gibt noch kein »polity« der Weltgesellschaft. Die Regulierung staatlicher Politikkonflikte im Westfälischen Frieden führte nicht zu weltbezogener sozialökonomischer Gestaltung, sondern zu einer internationalen Politik, die weiter von zwischen-nationalstaatlicher Macht bestimmt ist. Das muss nicht Realität bleiben, wegen schon feststellbarer Tatsachen und wegen alternativer Handlungsoptionen. Die Tatsachen liegen im Aufkommen von Machtfaktoren, die den Einfluss der Staaten konterkarieren.

Das sind einmal Konzerne und global agierende Finanzinstitutionen. Sie übertreffen längst den Einfluss der Mehrzahl der 191 Mitglieder der Vereinten Nationen, und selbst im Verhältnis zu den zwei Supermächten, den USA und China, ist ihr Einfluss beträchtlich. Andere Optionen liegen im globalpolitischen auch handlungsorientierten Bewusstsein einer globalen Zivilgesellschaft, in globalen Institutionen und einer global organisierten Demokratie. Eine politische Ordnung, die polity für die Weltgesellschaft, wird unter dem Begriff Global Governance diskutiert. Zu einer solchen Global Governance gehören auch die großen Städte. Die 19 großen Ballungsräume der Welt sind größer als 18 der EU-Mitgliedsstaaten, Ruhr größer als elf von ihnen. Schon diese Einwohnerzahlen erklären ihre Rolle und geben ihnen Aufgaben.

Die Unternehmensstrategien der global agierenden Konzerne sind allerdings ein besonderes Problem der Globalisierung, gerade auch für die Städte, wenn sie von den Konzernen nur noch als beliebige Produktionsstandorte gesehen werden. Bei genauerem historischem Blick ist das für das Ruhrgebiet nichts Neues. Es war im 19. Jahrhundert auch nur Standort, der manche Konzerne nur wenig interessierte. Insoweit haben Industrieagglomerationen Erfahrung mit den Schattenseiten arbeitsteiliger Produktion, die in weltweite Handelsströme eingebunden ist, schon lange.

Global Cities

Mit dem neuen Schub der Globalisierung nach dem Zusammenbruch der Sowjetunion hat sich der Verkehr von Gütern, Dienstleistungen, Informationen und Menschen über jegliche Entfernung deutlich vermehrt und ist dazu als Voraussetzung schneller, kostengünstiger und billiger geworden. Die Auswirkungen dieser Entwicklungen auf die Städte werden kontrovers erörtert.

Zusammengefasst stehen sich zwei Positionen gegenüber. Die eine sagt: Globalisierung entwertet lokale Traditionen und Kulturen, weil die Anforderungen, Normen und Erwartungen für ökonomischen und kulturellen Austausch auf globaler Ebene formuliert und vereinheitlicht werden. Die ökonomischen Beziehungen werden aus sozialen und politischen Bindungen herausgelöst und auf ökonomische Rationalität reduziert. Das weltweite Kommunikationsnetz macht es möglich, in einer einheitlichen Sprache und in einem einheitlichen Bezugssystem zu kommunizieren und wirtschaftlich zu handeln – denn was gehandelt wird ist zunehmend immateriell. Globalisierung verändert dann das raumzeitliche Koordinatensystem. Sie kann so Entlokalisierung von ökonomischen und sozialen Beziehungen bedeuten, also Bedeutungsverlust des konkreten Raums und der konkreten Stadt. Damit verliert das kommunikative, ökonomische und kulturelle Potential der Städte an Bedeutung, ihre innovativen Impulse verlieren an Wert für die gesellschaftliche Entwicklung. Das geschieht im Übergang von der Industrie- zur Dienstleistungsgesellschaft. Weltweit hat die Deindustrialisierung die Politik der großen Städte verändert. Steigende Arbeitslosigkeit, Finanznot, Zwang zur Privatisierung, Kooperation mit privaten Investoren bestimmen ihre Politik.

Die andere sagt: Globalisierung lässt die Bedeutung von lokalen Bezugssystemen für die ökonomischen und kulturellen Beziehungen wachsen. Diese lokalen Bezugssysteme werden gestärkt, weil das Bestehen im globalen Wettbewerb eine starke lokale oder regionale Verankerung erfordert. Die lokalen Produktions- und Kooperationszusammenhänge werden neubewertet. Aber ortsbezogene Einflüsse verschwinden gerade nicht. Es ist möglich Standortgunst zu entwickeln und zu nutzen. Das gilt für alle großen Städte. Eine besondere Funktion und damit besondere Möglichkeiten haben aber die ganz großen, die Weltstädte, die »Global Cities« erlangt. Sie sind Zielorte internationaler Zuwanderungsströme, haben daher eine heterogene Sozialstruktur und sehr spezifische ökonomische Verhältnisse.

Dieses Global-City-Konzept hat eine zentrale These: Im transnationalen Raum der globalisierten Ökonomie bildet sich ein Netz von Städten heraus, in dem die entscheidenden Transaktionen des Finanzsystems organisiert und kontrolliert werden. Die Komplexität dieser Finanzdienstleistungen erfordert um sich herum ein global ausgelegtes Netz von Dienstleistungen aller Art – Dolmetscher, Rechtsberatung, Telekommunikation, ökonomische Analyse, innovative Kulturleistungen. Dies alles konzentriert sich in großen Städten, weil dort wegen der geballten Wirtschaftstätigkeit Kostenersparnisse anfallen, das Umfeld innovativ ist, unmittelbare Kommunikation in diesem Umfeld stattfinden kann.

Dies sind Vorteile, die den Vorteilen der Agglomeration zu Beginn der Industriegesellschaft entsprechen. Im 19. Jahrhundert ermöglichte die Ballung von Menschen Massenfertigung, in der Wissensgesellschaft Produktion und Anwendung von kontinuierlich vermehrtem und komplex vernetztem Wissen. Die Städte aber können so wieder wachsen, ihr Schrumpfen als Folge der Deindustrialisierung kann überwunden werden.

Das Weltstadt-Konzept ist in den 1970er Jahren von John Friedmann, das Global-City-Konzept 1991 von Saskia Sassen in den USA entwickelt worden. Die Auseinandersetzung damit zeigt einige – an New York orientierte – Einseitigkeiten, eben weil New York einzigartig ist, und die etwas starke Fokussierung auf den ökonomischen Aspekt der Finanzkontrollfunktionen. Wohl richtig ist aber die Herausarbeitung der neuen Agglomerationsvorteile für die Vernetzung von Wissen – technologischem, ökonomischem, sozialem, kulturellem.

Weltstädte sind Umschlagplätze des Wissens – das ist eine ihrer wichtigsten Funktionen. Hier werden Gedanken ausgetauscht, Neues ersonnen, Zukunftsprojekte entworfen. So formuliert es Florian Coulmas.

Dieser Umschlag von Wissen strahlt aus auf alle Kommunikationsmöglichkeiten von Weltstädten

– als Standort exportierender Industrie bei der technologieorientierten Produktion und bei wissensbasierten Dienstleistungen,
– bei der kontinuierlichen Vermittlung von Wissen an Hochschulen und in Forschungseinrichtungen,
– im regelmäßigen Austausch von Produktinnovationen auf Messen,
– mit der Präsentation kultureller Leistungen.

All das verbindet sich in der einzelnen Weltstadt zu einer global bekannten Identität, die Besucher anzieht, für einzelne Tage, längere Zeit, auf Dauer.

Diese Global Cities sind Lebensraum für Millionen, eine multi-ethnisch und multikulturell zusammengesetzte Einwohnerschaft. Das Leben dieser Menschen birgt natürlich soziale Probleme. Zu den herausfordernden Aspekten des Global-City-Konzepts gehört die Prognose, vor allem Saskia Sassens, von steigenden Einkommensdisparitäten, einer deutlichen Kluft zwischen höheren und niedrigeren Einkommen.

Weitere Untersuchungen stellen jedoch in Frage, ob hier wirklich ein kausaler Zusammenhang mit den Weltstädten besteht. Zwei andere kausale Zusammenhänge dürften wesentlicher sein: Weltweit hat die Deindustrialisierung zum Abbau von industriellen Arbeitsplätzen und damit auch Einkommensverlusten geführt. Neue Dienstleistungsarbeitsplätze in den alten Industrieagglomerationen sind langsamer entstanden als der Abbau der Beschäftigten im Industriesektor vor sich ging. Das hat selbstverständlich Verteilungswirkungen.

Ein zweiter Zusammenhang ist die Sozialpolitik der Staaten. Saskia Sassens Analysen beziehen sich auf die USA. Untersuchungen für die Randstadt Holland, also Amsterdam, Rotterdam und Umgebung in den Niederlanden, einem der europäischen Wohlfahrtsstaaten, zeigen andere Verhältnisse.

Auch für Weltstädte hat die Einbettung in die Sozialsysteme ihrer Staaten Bedeutung. Wirtschaftliche Umbrüche sind mit den Agglomerationen, den großen Städten verbunden. Umso industrialisierter sie waren und umso bevölkerungsreicher sie sind, desto größer sind die Probleme und umso massierter sind sie erkennbar. Aber wohl allgemein sind in verstädterten Gesellschaften die Probleme der Städte mehr und mehr die Probleme der gesamten Gesellschaft.

Nun gibt es die These, nur New York, London, Paris und neuerdings Tokio seien Weltstädte. Zweifellos sind sie größer und wirtschaftlich stärker als andere. Sie haben ihre besondere Attraktivität und ihre besonderen Probleme. Nichts spricht dagegen, dass andere zu ihnen aufschließen, von ihnen lernen – New York ist exemplarisch, schreibt Hartmut Häußermann – und ihre Fehler vermeiden. Dabei haben alte Industrieagglomerationen in Europa und neue Agglomerationen in Lateinamerika ihre je besondere Perspektive. Gerade die Netze zwischen ihnen können das Spannende der weiteren Entwicklung der Weltstädte sein – auch zum gegenseitigen Entwicklungsvorteil.

Global City Ruhr in der globalen Gesellschaft

Den politischen Rahmen für die Handlungsmöglichkeiten einer Global City Ruhr setzen die Bundesrepublik Deutschland und die Europäische Union, die das politische Regelwerk für diese menschlichen und wirtschaftlichen internationalen beziehungsweise globalen Beziehungen aufgestellt haben. Das Land Nordrhein-Westfalen ist institutionell im Regionalausschuss der EU vertreten und unterhält eine Landesvertretung bei der EU in Brüssel, die von einem Minister oder einem Staatssekretär der Landesregierung geführt wird. Es hat darüber hinaus, schon als Außenpolitik auf der subnationalen Ebene zu begreifen, grenzüberschreitende politische Kontakte durch regionale Partnerschaften wie durch Städtepartnerschaften seiner Städte und Gemeinden.

Dieser Rahmen für die menschlichen und wirtschaftlichen Beziehungen auch der großen Städte in Nordrhein-Westfalen wird sich verbessern, wenn Ruhr als Millionenstadt im sich entwickelnden System von Global Governance seine eigenen globalen Funktionen wahrnehmen kann.

In der EU und global weicht das Monopol von Staaten im Bereich der Außenbeziehungsweise internationalen Politik auf. In der EU ist das gemeinsam gewollt. Die Staaten übertragen Kompetenzen auf die EU, haben sich auf eine europäische Verfassung geeinigt, die auch einen europäischen Außenminister vorsieht. Damit relativiert sich die Funktion der Hauptstädte der EU-Mitgliedsstaaten – vor allem wo sie, begründet in vergleichsweise hohen Einwohnerzahlen, im eigenen Land mit anderen großen Städten konkurrieren. Madrid und Barcelona, Rom und Mailand, Paris und Marseilles, London und Glasgow oder Birmingham, Warschau und das oberschlesische Industrierevier und eben Berlin und Ruhr. Brüssel ist keine besonders große Stadt, aus Brüssel lassen sich aber Metropolen erreichen, Paris und Ruhr sind gleichweit entfernt.

Global werden die Beziehungen der Regierungen durch Beziehungen zivilgesellschaftlicher Akteure ergänzt. Das dient notwendig der Transparenz globaler

Politik. Es wirft Probleme auf bei der Legitimierung dieser Akteure. Vielfach werden Städte, wenn sie sich mit globalen Fragen konfrontiert sehen und sich deshalb mit ihnen befassen, zu den zivilgesellschaftlichen Akteuren gezählt. Das hat im wenig institutionalisierten Feld globaler Politik seine Berechtigung. Die Form, in der auch große Städte sich mit globalen Fragen befassen, ist ja die gleiche, wie die, in der es Nicht-Regierungsorganisationen, NGO's, tun: Informationssuche, Informationsverbreitung, Lobbying. Dem politischen Rahmen der Stadt, der demokratischen Legitimierung ihrer Repräsentanten, entspricht das nicht. Die Diskussionen um Global Governance fragen auch nach geeigneten Formen legitimierter Repräsentanz. Dabei ist es eine sinnvolle Frage, ob New York, London, Paris oder Tokio, aber auch Sao Paulo, Los Angeles und Ruhr nicht mehr legitimierten Einfluss auf globales Geschehen nehmen sollten als Staaten, deren Einwohnerzahl nur einem Bruchteil der Einwohner dieser Städte entspricht.

Einfluss hängt auch von Bekanntheit ab, im deutschen Maßstab wie im europäischen und globalen. Und er hängt auch davon ab, ob die Bekanntheit positiv ist. Bislang ist das dem Ruhrgebiet nur schlecht gelungen, Beispiele gibt es dafür zahlreich.

Den Integrationsraum für Zuwanderung stärken: Vermittlungsplatz für Sprachen

Professor Ulrich Steger arbeitet in der Schweiz und kommt weiter ins Ruhrgebiet zurück, lehrt auch in Berlin. Er ist gegen eine Stadt Ruhr, weil sie überzentralisiert sein könnte, gibt aber seiner politischen Heimatregion politische Entwicklungschancen. Dabei solle das Ruhrgebiet sich »nicht an dem orientieren, was heute ›in‹ ist. Es wäre ein großer Fehler, nur dies zu kopieren in der Hoffnung, man werde dann auch partizipieren, seien es nun Großflughäfen oder Biotechnologie. Diese Claims sind schon verteilt. Da kann das Ruhrgebiet allenfalls noch hinterherhinken. Und meistens fehlen … dann auch noch die richtigen Kompetenzen, die dazu geführt haben, dass sich solche Unternehmen in anderen Regionen angesiedelt haben. … Wo liegen die Potenziale, bei denen man jetzt anfangen muss, um in zehn, zwanzig Jahren die führende Region in Europa zu sein. Das erreicht man nicht über Imitation, sondern nur über Originalität«.

Offen lässt Ulrich Steger, der seine Überlegungen in einem Band über »Elitenkooperation in der Region« veröffentlicht hat, welche Kompetenzen es sein könnten. In seiner International Business School in der Schweiz fordern bislang nur Russen eine Übersetzung aus dem Englischen. Russische Eliten bevorzugen Russisch. Es wäre nun falsch, wenn die Eliten von Ruhr nur noch Deutsch sprechen würden. Aber vielleicht ist es richtig zu erkennen, dass global die Eliten multilingual kommunizieren.

Ruhr könnte ein global ausstrahlendes Kompetenzzentrum für multilinguale Kommunikation sein. Ende des 19. Jahrhunderts wurde in der Emscherzone auch Polnisch gesprochen. Das war zwar nicht sozial anerkannt, dazu mussten die Männer mit den polnischen Namen Elite-Fußballer werden wie Szepan und Kuzorra, aber doch Bilingualität, gerade auch in Gotteshäusern der Katholischen Kirche. Inzwischen hat Yildiray Bastürk, geboren bereits in Herne, für den VfL Bochum Tore geschossen.

In Essen gibt es das Zentrum für Türkei-Studien, geleitet von Faruk Sen aus Istanbul. Deutsche Botschafter in Moskau studieren am Spracheninstitut in Bochum Russisch, bevor sie abreisen. Chinesische Monteure haben sachkundig das Hoesch-Hüttenwerk in Dortmund abmontiert und nach China mitgenommen. Den Transrapid hingegen finden Verantwortliche in China doch nicht so akzeptabel; vielleicht hätte sich bei diesem Export, wie beim gescheiterten der ICE-Technologie, manches vermeiden lassen, wenn auch mehr Kommunikation auf Chinesisch möglich gewesen wäre.

Diese Beispiele illustrieren den Vorschlag: Ruhr hat Voraussetzungen, globales Kompetenzzentrum für multilinguale Kommunikation zu werden. Das kann nützlich gemacht werden in Business Schools, die in Russisch, Chinesisch, Arabisch, Türkisch lehren, Faruk Sen sieht dafür großen Bedarf. Das kann nützlich werden in mehrsprachigen Universitäten.

Ein solches Kompetenzzentrum könnte auch Grundlagen für multilinguale Erziehung in ganz Europa legen. Offenkundig sprechen Luxemburger Französisch, Deutsch und Letzelburgisch, dazu Englisch. Auch in der Schweiz sind viele Sprachen weit verbreitete Kompetenz. Systematisch zu erforschen und zu erproben, wie eine breit gefächerte Multilingualität in Europa erreichbar ist, bleibt eine Herausforderung. Entsprechende Einrichtungen der EU zu initiieren und nach Ruhr zu holen, sollte möglich sein. Europa wird sich global nur behaupten, wenn Schüler in seinen Schulen auch Chinesisch, Türkisch, Arabisch lernen. Wo schon viele türkische Familien leben, ist der bilinguale Unterricht Deutsch/Türkisch für alle Kinder einer Klasse eher eine Chance als eine Zumutung.

Es gibt Jüngere, die aus dem Ruhrgebiet hinausgingen, kulturelle Toleranz in der Schweiz und anderenorts erfuhren und die danach skeptisch sind, ob ihre Heimat zu gelebter Multikulturalität fähig sei. Es wird darauf ankommen, dass ältere Ruhrgebietsbürger aus ihren Ferien- und Altersdomizilen in anderen Ländern tolerante Welterfahrung zurückbringen, wenn auch Jüngere sich in Ruhr engagieren sollen. Die Weltstadt Ruhr sind ihre heutigen Bürger.

Teil IV

Weltstadt Ruhr:
Der kontroverse Weg

12. Stadt ja – und was gehört dazu?

Wissensgesellschaft, Globalisierung, wieder gefundenes historisches Bewusstsein und die Chance einer neuen europäischen Stadt haben die weltstädtischen Potenziale von Ruhr erweitert. Perspektivisch lassen sich also die Aufgaben einer Weltstadt in der Agglomeration an Ruhr und Rhein erfüllen. Aber dazu muss sie eine rechtlich verfasste Stadt werden. Wird das gehen und wie? In der abwägenden Analyse und Diskussion über eine Ruhrstadt werden in der Regel zunächst Hindernisse aufgezeigt. Es sind die abnehmende wirtschaftsstrukturelle Homogenität, die polyzentrale Siedlungsstruktur und der handlungsunfähige Moloch. Dann werden realistische oder irrealistische Alternativen vorgeschlagen: der föderale kommunale Verbund, der Vorteil des Städtewettbewerbs, eine neue kommunale Verwaltungsreform, die größere Metropolitanregion Rhein-Ruhr.

Seit der Diskussion von 1920 um die Gründung des SVR war die Gefahr eines von der Industrie beherrschten Ruhrgebiets, das als handlungsfähiger Regionalverband oder gar als Stadt übermächtig werden könnte, die Kampfparole gegen die urbane Integration. Montankomplex und Kommune in einem, das war nicht gewollt, ja musste verhindert werden. Das hat sich geändert. Ein Argument, exemplarisch formuliert durch Paul Klemmer, bis 2002 Präsident des Rheinisch-Westfälischen Wirtschaftsforschungsinstituts in Essen, lautet: Mit dem Ende des Montankomplexes seien auch die Vernetzungen des Ruhrgebiets zu Ende gegangen. Es disaggregiere sich. So auch Richard Kiessler, Chefredakteur der Neuen Ruhr Zeitung: Er schreibt in Portal Ruhrgebiet 2002: »Das Revier gibt es längst nicht mehr. Hier wächst nichts mehr zusammen. Die große Gemeinsamkeit, die Montanindustrie, ist so gut wie nicht mehr existent«. Zu Recht stellt er fest, dass die vielbeschriebene Reviermentalität nicht zukunftsfähig sei. Der Ausweg sei der Rhein-Ruhr-Raum, der habe Weltgeltung, mit »föderativen Lösungen, also Regionalverbänden und Regionalkreisen«. Und die Konkurrenz mit »Regionen wie London, Madrid, Paris oder Mailand«. Das aber sind Städte.

Rein wirtschaftsstrukturelle Analysen übersehen siedlungsstrukturelle Zusammenhänge. Der Abstieg des Montankomplexes erlaubt aber noch ein weiteres Argument, das die Diskussion der 1920er Jahre in ihr Gegenteil verkehrt. Das Ruhrgebiet sei ökonomisch und finanziell zu schwach, um als kommunale, verbandliche oder bezirkliche Einheit allein gelassen zu werden, Jens Joachim Hesse und auch der frühere nordrhein-westfälische Innenminister Herbert Schnoor deuten das an.

Als zweites Hindernis wird weiter die polyzentrale Siedlungsstruktur benannt. Sie findet, wie bei Dirk Bronger, ihre fachwissenschaftliche Begründung. Aber jede Luftbildaufnahme des Ruhrgebiets zeigt ein Siedlungsgefüge, in dem zumindest im Kern keine Zentren auszumachen sind. Mehrpolige städtische Funktionalität ist nicht mit polyzentraler Besiedlung zu verwechseln.

Schließlich wird manchmal der Moloch wieder zum Leben erweckt. Moloch ist im Hebräischen das Schimpfwort für den König, ethymologisch die Bezeichnung für einen blutdürstigen Abgott, übertragen für alles, was Menschen sinnlos verschlingt. Er symbolisiert die Schwächen der großen, menschenverschlingenden Stadt. Die war das Ruhrgebiet eigentlich nie. Seine Unwirtlichkeit lag in den Emissionen der Großindustrie, nicht in der übermäßigen Verdichtung, in Hinterhofkomplexen und Verslumung. Ob große Verwaltungen ein Moloch sind, bleibt dahingestellt, jedenfalls wird der Begriff hier schon mit stark verfremdetem Sinn gebraucht. Aber auf jeden Fall kann Dezentralisierung und Bürgernähe der Leistungsverwaltung den Moloch vertreiben.

Es gibt immer wieder Überlegungen, jegliche Klammer für die Kommunen des Ruhrgebiets aufzugeben. Solche Überlegungen folgen Vorschlägen zur Zweiteilung des Landes Nordrhein-Westfalen in zwei Landschaftsverbände und zwei Regierungsbezirke. Dem steht die Dreierlösung gegenüber, drei Regionalverbände und drei Regierungsbezirke. Dieser Vorschlag überwindet nicht die Nachteile der Verbandslösung für eine Agglomeration, die siedlungsstrukturell eine Stadt ist.

Dieser Nachteil ist noch ausgeprägter bei den Gedanken einer Stadtföderation. Es mag offen bleiben, was hier Föderation bedeutet, gemeint ist aber wohl freiwillige Zusammenarbeit. Freiwillige Zusammenarbeit lässt sich kaum dauerhaft organisieren. Sie erfordert in der Praxis das Einstimmigkeitsprinzip bei verbindlichen Entscheidungen. Und damit gibt es keine gemeinsame Lösung, wenn auch nur eine Stadt nicht will. Das zeigt auch die europäische Integration. Der Abschied vom Einstimmigkeitsprinzip ist für die Handlungsfähigkeit der EU erforderlich.

Unter diesen Umständen ist die Städtekonkurrenz dann eine zunächst ehrlichere Alternative. Die Städte des Ruhrgebiets bleiben in Wettstreit um Investoren und Einwohner, ja verstärken ihn. Allerdings ist es ein Wettbewerb mit Handicaps: Eng vernetzte Städte erzeugen mit ihrem Handeln immer auch Kollateralnutzen oder Kollateralschäden bei ihren Nachbarn. Der Umzug eines Unternehmens aus Bottrop nach Dortmund fördert die eine und schädigt die andere Stadt, für das Ruhrgebiet als Ganzes ändert sich nichts, nur die interkommunale Aufgeregtheit beschädigt zumindest zeitweise das gemeinsame Image.

Jüngst ist auch eine erneute kommunale Verwaltungsreform ins Gespräch gekommen. Etwas größere Städte, aber doch mehrere. Sie wären dann so groß, dass sie keine Klammer mehr bräuchten. Jede realistische Konkretisierung dieses Gedankens führt zu Duisburg, Essen, Dortmund – drei Millionenstädten jeweils im

Süden über die Ruhr, im Norden über die Lippe hinausreichend. Dort fänden sie dann Umland, Duisburg und Dortmund auch im Westen beziehungsweise Osten. Essen wäre im Westen wie im Osten siedlungsstrukturell unzertrennbar mit seinen Nachbarstädten verbunden.

Wer die kommunale Verwaltungsreform 1972–1975 erlebt hat, kann sich den Prozess ausmalen, der sich dabei entwickeln dürfte. Ein Jahrzehnt kommunaler Streit, auch emotionalisierte Bürger, Verzögerung und Fehllenkung kommunaler Investitionen. Ob danach Vorteile entstehen, lässt sich kaum voraussagen.

Es bleibt über die Metropolregion Rhein-Ruhr zu sprechen. Sie gehört in die Überlegungen der deutschen Raumordnung und nordrhein-westfälischen Landesplanung. Sprachlich führt sie in die Irre. Eine Metropolregion kann die Region mehrerer Metropolen sein, das ist aber offensichtlich nicht der Fall. Oder sie ist eben die Region um eine Metropole, das ist genauso offenkundig nicht gemeint. Sie als einen einheitlichen Wirtschaftsraum zu verstehen, ist hingegen rein fachlich nicht falsch. Es ist nicht zu bezweifeln, dass es Verflechtungen von Bonn bis Dortmund gibt, aber auch von Duisburg in die Niederlande oder von Bonn nach Koblenz. Jegliche Abgrenzung einer solchen Region verhindert verwaltungsorganisatorische Konsequenzen. Das fällt schon bei Dirk Bronger auf. Kern dieser Stadt-Region Rhein-Ruhr sei das Ruhrgebiet, stellt er fest. Eine Kern-Rand-Beziehung zwischen dem Ruhrgebiet und Köln zu konstruieren ist aber sicherlich problematisch.

Das Bundesamt für Bauwesen und Raumordnung hat drei Abgrenzungen der Region Rhein-Ruhr vorgenommen, die Kernstädte, die Metropolregion, die Region mit Umland:
– Die Kernstädte bilden keinen zusammenhängenden Raum. Bonn, Köln, Mönchengladbach und Hamm sind vom Kern um die kreisfreien RVR-Städte, zu dem auch Krefeld gehört, durch kreisangehörige Städte getrennt.
– Der Einbezug dieser Kreise führt zu einer Region mit 11,079 Millionen Einwohnern auf 9.760 Quadratkilometern Fläche und einer Dichte von 1.135 Einwohnern je Quadratkilometer. Als selbständige Region innerhalb Nordrhein-Westfalens ist dieses Gebiet nicht vorstellbar, es blieben tatsächlich nur noch sechs Millionen andere Nordhein-Westfalen übrig – die durch die Metropolregion räumlich getrennt wären, von Aachen nach Münster ginge es nur durch die Metropolregion.
– Noch weniger ist die Metropolregion mit Umland vorstellbar. Sie hätte 15,989 Millionen Einwohner. Zu ihr gehörte das ganze Land Nordrhein-Westfalen mit Ausnahme des Regierungsbezirks Detmold. Wer diese Region verwaltungsorganisatorisch weiterdenkt kann nur zu einem Vorschlag kommen: Abtretung Ostwestfalens nach Niedersachsen. Das wäre auch historisch nicht

falsch, schließlich sind die Westfalen einer der drei sächsischen Stämme, aber diese Assoziation führt in das Herz des Westfalentums. Ob die Metropolregion mit ihrem Umland ein Flächenstaat oder ein Stadtstaat wird, kann als Überlegung Papier füllen, in der siedlungsstrukturellen oder auch historisch-politischen Realität kann das nicht ankommen.

Eine Metropolregion, die über Ruhr so wie hier vorgeschlagen hinausgeht, kann immer, und zwar ziemlich beliebig, auf Papier gemalt werden. Sie ist der wesentliche Bereich Nordrhein-Westfalens und kann auch die Landes-, ja sogar die Bundesgrenze überschreiten. Das Interesse der Bundes- wie der Landesadministration an solchen Gemälden besteht wohl auch darin, für das Ruhrgebiet administrativ nichts zu ändern.

Deshalb: Wer die Integration des Ruhrgebiets wirklich will, muss die Stadt Ruhr wollen.

Was gehört zur Weltstadt Ruhr?

Diese Stadt Ruhr sollte die Kommunen des bisherigen Regionalverbandes Ruhr, Düsseldorf und den Kreis Mettmann umfassen. Vier Erwägungen führen zu diesem Vorschlag:

a) Die seit Gründung des Siedlungsverbandes Ruhrkohlenbezirk zusammenarbeitenden Städte und Gemeinden sollten auch die Stadt Ruhr bilden.

b) Wichtige Funktionen für die Agglomeration an Ruhr und Rhein haben seit dem 19. Jahrhundert ihren Standort in Düsseldorf – Flughafen, Börse, eine bedeutende Messe, überregionale Banken, Konzernzentralen. Eine Weltstadt in der globalen Wissensgesellschaft braucht diese Funktionen integriert in ihr Gebiet.

c) Der Kern von Ruhr, also die Städte Duisburg, Oberhausen, Mülheim, Bottrop, Essen, Gelsenkirchen, Bochum, Herne und Dortmund, sollte ohne Ausnahme von etwas weniger dicht besiedelten Stadtlandschaften umgeben sein. Das ist im Westen und Norden mit den Kreisen Wesel und Recklinghausen, im Osten mit dem Kreis Unna und im Südosten mit dem Ennepe-Ruhr-Kreis erfüllt. Nicht erfüllt ist es im Südwesten, an den Stadtgrenzen von Essen und Mülheim, und teilweise Duisburg. Gerade dort aber befinden sich besonders zahlreich Wohnsitze einkommensstärkerer Bewohner und Erwerbstätiger der Agglomeration. Eine Weltstadt braucht ein umfassendes Angebot auch an Wohnmöglichkeiten für höhere Ansprüche auf dem eigenen Gebiet, nicht zuerst in der Nachbarschaft.

d) Die Auswirkungen einer territorialen Verwaltungsreform, die zur Stadt Ruhr führt, auf andere Kommunen und Verwaltungsstrukturen sollten so begrenzt wie möglich sein. Eine erneute kommunale Verwaltungsreform ist in Nordrhein-Westfalen überflüssig. Das Land hat bundesweit proportional zu seiner Einwohnerzahl die mit Abstand wenigsten Gemeinden – 396 bei 18,2 Millionen Einwohnern, vergleichsweise hat Bayern 2.056 Gemeinden bei 12,4 Millionen Einwohnern oder Hessen 426 Gemeinden bei 6,1 Millionen Einwohnern.

Vom Siedlungsverband Ruhrkohlenbezirk zur Ruhr-Stadt

Es versteht sich von selbst, dass die Stadt Ruhr sich aus den seit 1920 bestehenden kommunalen Verbänden entwickelt. Der letztlich stadtbildende Weg führt dann vom Siedlungsverband Ruhrkohlenbezirk, in dessen Namen noch der Zustand einer ungeordneten Agglomeration zum Ausdruck kommt, über den 1979 so benannten Kommunalverband Ruhr, dessen Name die Stadtbildung andeutet, obwohl seine gesetzliche Grundlage dem Abbau gemeinsamer Kompetenzen diente, zum Regionalverband Ruhr des Jahres 2004, der die Kompetenzen wieder stärkt, aber stadtpolitisch einen falschen Namen hat. Und dieser Weg folgt dem Berlins – mit viel längerem Anlauf vom Kommunalverband zur Stadt, statt in acht Jahren, von 1912 bis 1920, in hoffentlich erkennbar unter 100 Jahren, von 1920 bis 2004 plus X.

Während der abgelaufenen 84 Jahre war der Kommunalverband mehrfach von territorialen Verwaltungsreformen betroffen, wie die heranwachsende Agglomeration an Ruhr und Rhein schon zuvor. Essen war von Preußen gleich 1815 entgegen historischer Zusammenhänge nicht der Provinz Westfalen, sondern der Rheinprovinz zugeschlagen worden. Die Eingemeindungen der 1920er Jahre haben das urbane und ökonomische Gefälle zwischen der Hellwegzone und der Emscherzone nicht überwunden. Und während in den südlich angrenzenden Kreisen der Wohnwert zu steigen begann, wurde im Norden die Lippezone durch die Nordwanderung des Bergbaus, wenig rücksichtsvoll gegen Landschaft und Siedlungen, »spätschwerindustrialisiert«.

Die kommunale Neugliederung 1975 versuchte Ausgleich zu schaffen. Sie brachte jedoch für die urbane wie ökonomische Situation der jetzt weiterentwickelten Agglomeration nicht die möglichen Verbesserungen, weil sie in der politischen Auseinandersetzung vom hartnäckigen Widerstand gegen Eingemeindungen bestimmt war. Im am wenigsten überzeugenden Einzelfall, der Eingemeindung Gladbecks nach Bottrop, scheiterte sie deshalb auch vor dem Verfassungsgericht des Landes.

Düsseldorf

Düsseldorfer wie engagierte Bürger des Ruhrgebiets wollen nichts miteinander zu tun haben. Die ersten setzen ihre Stadt als etwas Besseres vom Ruhrgebiet ab, die anderen fühlen sich von Düsseldorf verächtlich bevormundet. Beide haben irgendwo Recht und gerade deshalb gehört Düsseldorf sinnvoller Weise in eine Weltstadt Ruhr. »Düsseldorf ist der Schreibtisch des Ruhrgebiets« ist ein geflügeltes Wort. Es zeigt besser als manche Analyse den funktionalen Zusammenhang zwischen beiden.

Im Verlauf der Industrialisierung hatte sich so etwas wie eine sektorale Arbeitsteilung der Städte zwischen Ruhr und Emscher und der Stadt Düsseldorf am Rhein entwickelt, sekundärer Sektor dort, tertiärer Sektor hier – oder einfacher: Malocher im Revier, Bosse und hohe Beamtenschaft dort. Das änderte sich mit der Bildung des Landes Nordrhein-Westfalen nicht. Das neue Land legte seine Hauptstadt nach Düsseldorf und hielt den Sitz des einwohnerstärksten Regierungsbezirks auch dort. Diese Konzentration öffentlicher Dienstleistungen in der Landeshauptstadt war von Beginn an eine ökonomische Benachteiligung anderer Landesteile.

Dies wurde in den 1950er Jahren nicht so wahrgenommen. Die ländlichen Regionen erhielten mit Aachen, Arnsberg, Detmold und Münster Sitze von Regierungspräsidenten, die westfälische »Hauptstadt« Münster gleich den Sitz ihres Landschaftsverbands dazu. Das Ruhrgebiet war wegen seiner Industrie bedeutsam und so konnte das Land stolz sein auf seine »blühende Kö«. Diese Kaufmeile lebte natürlich von der sektoralen Arbeitsteilung, von den leitenden Beschäftigten gerade auch der Ruhrkonzerne. Mannesmann, Rheinstahl, Veba nahmen ihren Verwaltungssitz in Düsseldorf.

Die soziale Schieflage, die sich damit verbindet, wurde nur langsam wahrgenommen. Sie ist deutlich, seit die Schwerindustrie immer weniger Einkommen und immer weniger angemessene soziale Stellungen bietet. Aber der Ausgleich schaffende sektorale Wandel war behindert. Das führt natürlich zu Pendlerströmen aus dem Osten nach Düsseldorf. Sie sind aber im beiderseitigen Bewusstsein als zeitweise Abwanderung oder Zuwanderung präsent, nicht als Integrationsprozess.

Die Wissensgesellschaft mit ihren globalen Vernetzungschancen bevorzugt Städte und Standorte, die Kommunikationspotentiale bündeln, und das sind mit besonderem Gewicht Umschlagplätze für Finanzdienstleistungen und Flughäfen. Beides ist in bedeutender Ausgestaltung in Düsseldorf vorhanden mit der Börse, einem Hauptsitz der Deutschen Bank, anderen Bankhäusern, dazu der Landeszentralbank und dem Internationalen Flughafen an der Grenze zu Duisburg.

Die Reaktion in Düsseldorf auf den Gedanken, die Stadt gehöre zu einer Weltstadt Ruhr, sind von bemerkenswerter, aber doch erhellender Uneinheitlichkeit – so sie nicht tagespolitischen Verbalspielereien entspringen. Düsseldorfs Oberbürgermeister Erwin hat für viele überraschend eine Zugehörigkeit zu Ruhr für möglich erklärt. Denn sie ist realistisch und sogar notwendig, wenn Ruhr tatsächlich erfolgreich den Weg zur Weltstadt geht. Dann wäre Düsseldorf ein großer Vorort, vielleicht fein, aber eben doch im Vergleich zum Nachbarn an Bedeutung verlierend. Scheitert das Ruhrgebiet auf dem Weg zur Stadtbildung und auch beim Weg in die Wissensgesellschaft, dann ist es für Düsseldorf sinnvoll, sich abzusetzen, vielleicht ökonomische Vorteile an der Rheinschiene zu suchen.

Deshalb werden auch in Düsseldorf immer wieder neue regionale Zusammenhänge beschrieben und gesucht, mal die Rheinschiene, mal Verflechtungen nach Westen über die Grenze zu den Niederlanden hinweg, und dann doch wieder in Richtung Osten, Ruhr aufwärts. Aber solche wechselnden Ad-hoc-Verbindungen scheitern, schon an den auseinander laufenden Einzelinteressen der in der jeweilig skizzierten Region politisch Agierenden.

So ist der Versuch gemeinsamen Auftretens der Städte des Ruhrgebiets und Düsseldorfs, ohne stadtpolitische Integration, bei der Bewerbung für den Austragungsort der Olympischen Spiele 2012 schon bei der innerdeutschen Vorauswahl kläglich gescheitert. Das schicke Düsseldorf gab den Namen, wenn es nicht anders ging, sollten Wettbewerbe auch an Standorten im industriellen Hinterland stattfinden; und dann sagte Köln: Wir sind auch dabei! – so konnte es nicht funktionieren. Das Internationale Olympische Komitee ist an der Realität von Metropolen orientiert, wenn es als Austragungsorte der Spiele handlungsfähige Städte und nicht mehr oder weniger dauerhafte kommunale Zweckgemeinschaften sucht.

Und dann noch ein überraschender Blick in das SVR-Gründungsgesetz von 1920: Hier hatte Düsseldorf ein Optionsrecht zum Beitritt. Düsseldorf sollte jetzt die Option für die Weltstadt Ruhr ziehen.

Die Reichen wohnen in Hösel

Bis zu ihrer Eingemeindung in die Stadt Ratingen 1974 war Hösel die Gemeinde mit den meisten Millionären in Nordrhein-Westfalen. Hösel konzentriert die Wohnortwahl vieler, die vor allem in Düsseldorf oder in einer der Ruhrstädte gut Geld verdienen. Auffällig wird das selten; vielleicht, wenn der im Flick-Skandal bekannt gewordene Manager Eberhard von Brauchitsch sich für die ökologische Erhaltung des Neandertals einsetzt, das durch den Kreis Mettmann und Düsseldorf verläuft. Das Neandertal ist dort, wo die besseren Düsseldorfer wohnen.

Es gehörte 1920 zu den weitsichtigen Entscheidungen, Kreise und damit kreisangehörige Gemeinden in den SVR aufzunehmen. Die Landkreise Geldern, Dinslaken, Recklinghausen, Hamm und Hattingen traten sofort bei – das entspricht in etwa der heutigen Umgebung des Kernes durch dünner besiedelte Städtelandschaften von Westen nach Südosten. Beitrittsoptionen sah das Gründungsgesetz für die Landkreise Kleve, Krefeld, Düsseldorf, Kempen, Lüdinghausen und Rees vor. Also auch die Kommunen zwischen Essen und Düsseldorf waren perspektivisch anvisiert – Düsseldorf selbst hatte ja ein Optionsrecht.

Die Zusammensetzung des Verbandes blieb mit dem KVR-Gesetz erhalten. Nicht nur der hoch verdichtete städtische Kern, auch die dünner besiedelte Städtelandschaft beteiligte sich an gemeinsamer Flächenplanung – wobei Gemeinsamkeiten seit der frühindustriellen Entwicklung mancher Täler im Ennepe-Ruhr-Kreis südlich des Flusses Ruhr bestehen. Ausgenommen von dieser Integration in den kommunalen Verband blieb der Kreis Düsseldorf-Mettmann, seit 1974 Mettmann. Die kommunale Neugliederung 1974 brachte nur wenige Änderungen der soziologischen und siedlungsstrukturellen Auswirkungen. Kettwig kam zu Essen, Breitscheid zu Mülheim. Damit wurden die nördlichen Grenzgemeinden des Kreises Düsseldorf-Mettmann in das Ruhrgebiet integriert. Diese Integration sollte jetzt abgerundet und damit auch die dünner besiedelte Städtelandschaft zwischen Düsseldorf und dem Kern in die Stadt Ruhr einbezogen werden.

Mit dieser Regelung wird sich Ruhr etwas weiter nach Süden erstrecken als bisher der RVR. Der neue Südpunkt wird etwa 30 Kilometer südlich des bisherigen liegen, der derzeit noch in der Gemeinde Breckerfeld im Ennepe-Ruhr-Kreis auszumachen ist. Überlegungen, die südlichsten Gemeinden des Kreises Mettmann, Monheim und Langenfeld, in den Rheinisch-Bergischen Kreis überzuleiten, sind nicht abwegig, verstoßen aber gegen die Erwägung, mit der Bildung der Stadt Ruhr keine weitere kommunale Neugliederung auszulösen.

Jede Grenzziehung ist auch willkürlich. Die seit 1920 entwickelte und hier modifizierte lässt den städtischen Ballungen Wuppertal, Solingen, Remscheid sowie Krefeld – es grenzt bereits jetzt an Duisburg, nicht aber an Düsseldorf – und Mönchengladbach ihren Raum. Köln – von Düsseldorf durch Dormagen, Monheim und Langenfeld getrennt – bleibt eine (fast) Millionenstadt mit eigener europäischer Bedeutung, die durch die Bundesstadt Bonn funktional hervorstechend ergänzt wird.

Ruhr, so wie hier vorgeschlagen, gewährleistet:
– eine Landschafts- und Siedlungsstruktur, die eine weltweit vorbildliche Stadtlandschaft als »Neue Stadt« möglich macht;

– eine soziale Struktur im Arbeits- wie im Wohnbereich, die soziale Einseitigkeiten vermeidet, aber auch nach außen einen attraktiven Lebensraum anbietet;
– mit 1.270 Einwohnern pro Quadratkilometer eine Bevölkerungsdichte, die von einer Stadt und nicht von einer Region zu sprechen in Europa rechtfertigt.

Sitz des »Rathauses« von Ruhr

Eine Diskussion schadet der Bildung von Ruhr besonders: die um den Sitz ihres »Rathauses«. Das entspricht der Abwehrhaltung der Ruhr-Kommunen gegen Eingemeindungen, die in den 1920er Jahren entstanden war und sich in den 70er Jahren eher verstärkte. »In einer Ruhr-Stadt wird Bochum zu Essen VI«, lautet ein Argument, mit dem der stadtunfreundliche Verwaltungsjargon der von der Landesverwaltung verordneten kommunalen Neugliederung und der von Stadtverwaltungen ungeliebten Bezirksbildung aufgenommen wird.

Deshalb: In einer Weltstadt gibt es mehrere Zentren, keinen offenkundigen Mittelpunkt, und zwischen den großen Polen herrscht funktionale Arbeitsteilung. Diese funktionale Arbeitsteilung entwickelt vorhandene Verhältnisse weiter.

– Düsseldorf ist Sitz der Landesregierung, sie wird dort bleiben, auch wenn die Landeshauptstadt jetzt nominell in Ruhr liegt. Aber das entspricht der politischen Raumordnung Deutschlands nach der Verlegung der Bundeshauptstadt von Bonn nach Berlin. Deutschland hat zwei Städte mit globaler Größe. In der zweitgrößten ist die Bundeshauptstadt, in der größten die Hauptstadt des größten Landes. Wenn es dann auch für Düsseldorf nicht gut zu hören ist: Sitz eines Regierungspräsidenten sollte und kann es nicht bleiben. Sein Umzug nach Krefeld oder Mönchengladbach würde die niederrheinische Region, die in jüngerer Zeit in ihrer Bedeutung schwächelt, stärken.
– Duisburg ist faktisch und symbolisch eine weltorientierte Stadt. Der Name des Geographen Gerhard Mercator ist seit seinem Wirken im 16. Jahrhundert, als die Wissenschaft in der Renaissance wiedergeboren wurde, mit Duisburg verbunden. Bis heute sind Weltkarten auf der Grundlage der Mercator-Projektion bevorzugte Navigationsgrundlage in der See- und Luftfahrt, sie können Duisburg weltbekannt machen. Duisburg-Ruhrort rühmte sich in den 1950er Jahren als größter Binnenhafen der Welt, dort wo Rhein und Ruhr sich treffen. Große Handelshäuser haben ihren Sitz in Duisburg oder im benachbarten Mülheim, die Namen Haniel und Stinnes, auch Tengelmann und Aldi sprechen für viele. An der neuen Universität Duisburg haben sich Institute für internationale Politik und Kultur mit europäischer Bedeutung entwickelt. Duisburg kann die Funktion globaler politischer und ökonomischer Kommunikation ausfüllen.

– Essen ist der Standort der Energiewirtschaft geblieben und entwickelt sich zum Standort zumindest europaweiter Medienwirtschaft. Wenn Energiewirtschaft immer mehr mit Energiedienstleistungen handelt, in aller Welt die Blaupausen hochproduktiv genutzter Energieressourcen anbietet und diese Kenntnisse in Essen vermittelt werden können, füllt es hier eine seiner Funktionen aus. Wenn gleichzeitig die sprachliche Vielfalt von Tele- und Druckmedien von Essen aus europa- und vielleicht weltweit vermittelt wird, entsteht hier der zweite funktionale Schwerpunkt. Weiter könnten Einrichtungen der Ruhrgebietsgeschichte und der Präsentation der »Neuen Stadt« Ruhr hier zentriert werden. Vom Ruhrlandmuseum und der Folkwangschule zu Zollverein XII mit dem Design-Zentrum weist der Weg.

– Historisch waren die Funktionen der Agglomeration in der Energiewirtschaft zwischen Essen und Bochum geteilt. Fast schon ironischerweise – vor dem Hintergrund der bergbau- und stahlorientierten Ruhrgebietsmentalität – hat der Wegzug der IG Bergbau und Energie nach Hannover – nachdem die Gewerkschaft mit der IG Chemie fusioniert hatte – hier diese »revier«-bezogene Funktion Bochums geschwächt. Perspektivisch aber kann eine Funktionsgemeinschaft wieder belebt werden, in die Bochum die ingenieurwissenschaftlichen Abteilungen der Ruhr-Universität und eine auf »Industriekrankheiten« spezialisierte Gesundheitswirtschaft einbringt. Die Bergmannsheil-Krankenhäuser hier und in Gelsenkirchen sind die Grundlage einer solchen medizinischen Weiterentwicklung. Essen, Bochum und Gelsenkirchen zusammen sind jetzt schon ein kulturelles Zentrum europäischen Rangs. Die Triennale verknüpft symbolisch das Weltkulturerbe Zollverein zwischen Essen und Gelsenkirchen mit der Jahrhunderthalle zwischen Bochum und Essen. Sie trifft dabei auf das eingesessene Schauspielhaus in Bochum, die Ruhroper in Gelsenkirchen und nimmt die neue Philharmonie in Essen dazu.

– Dortmund hat kontinuierlich einen unternehmensbezogenen Dienstleistungssektor entwickelt. Es gibt Finanzdienstleistungen vor allem durch Versicherungsunternehmen, einer der bedeutendsten Standorte für Informations- und Kommunikationstechnologien entwickelt sich. Dortmund beheimatet den zweiten Flughafen von Ruhr. Es sichert damit die funktionale Ausgewogenheit einer mehrpoligen Stadt.

Auf der Suche nach dem Sitz des »Ruhr-Rathauses« sind Argumente wohlfeil und manchmal zufällig. Noch 2001 hätte das Kriterium »größte Stadt« für Essen gesprochen, 2002 hatte Dortmund mehr Einwohner, 2004 hat wiederum Essen mehr Einwohner als Dortmund. Auf der Suche nach einer kleineren Stadt, die die Rivalität der großen vermeidet, wären die alte Residenz der Grafen von der

Mark, Hamm, oder die Hansestadt Wesel, damals wirtschaftlich die Bedeutung von Dortmund übertreffend, denkbar. Wer dabei den Kopf schüttelt, sollte die »Bonner Republik« nicht vergessen. Bonn war und ist eine kleine Stadt und sie befand sich als Bundeshauptstadt in einer Randlage – Schaden hat das ganz offenkundig nicht gestiftet.

Das Plädoyer für eine Stadt Ruhr argumentiert mit der historischen Freiheit der europäischen Stadt. Das führt zu dem Vorschlag, das »Ruhr-Rathaus« in Dortmund zu haben, der einzigen Freien Reichsstadt, die zu Ruhr gehört und die zugleich ein einflussreiches Mitglied der Hanse war. An diese Tradition sollte Ruhr anknüpfen. Die politische Selbständigkeit der Freien Reichsstadt und die weite ökonomische Vernetzung der Hansestadt sollte sich Ruhr am Standort Dortmund symbolisch zu Eigen machen. Wenn im Bild Dortmunds die Denkmäler der vorindustriellen Baugeschichte noch mehr verdeutlicht werden, die romanisch-gotischen Kirchen in der Innenstadt und der Kranz der Herrenhäuser und Schlösser in den Stadtteilen, dann kann Ruhr in Dortmund auch diese, durch zwei Jahrhunderte verdrängte Epoche seiner Geschichte, für die Zukunft von Ruhr nützlich zur Geltung bringen. Die Zentrale des Museums der »Kultur der Herrenhäuser« oder »Herren- und Herrinnenhäuser« gehört hierher.

Das Rathaus von Ruhr in Dortmund bedeutet nun nicht die Zentralisierung der kommunalen Arbeitsplätze in einem Verwaltungskomplex. Das ist schon bislang in durch Zusammenschluss entstandenen Städten nicht so gewesen, nicht in Gelsenkirchen mit Buer, nicht in Wuppertal mit Barmen und Elberfeld. Und es kann nicht so sein in Ruhr. Ruhr muss eine dreistufig und örtlich dezentralisierte Stadt sein, wenn sie bürgernah funktionieren soll.

13. Weltstadt Ruhr – dezentral in drei Stufen

Im zeitlichen Umfeld der ersten Ruhrgebietskonferenz 1979 stellte der damalige Bundeskanzler Helmut Schmidt eindringlich fest, dass angesichts der Vielfalt und für ihn auch der Unübersichtlichkeit der Verwaltungskompetenzen das Ruhrgebiet sich nicht wie politisch gewollt entwickeln könne. Damit hatte Helmut Schmidt Recht. Eine Landesregierung – in der zweckmäßigerweise Ressorts konkurrieren –, drei Regierungspräsidenten, zwei Landschaftsverbände, der Kommunalverband Ruhr, dazu eine Vielzahl von öffentlich-rechtlich selbständigen Verbänden, so der Ruhrverband oder die Emscher-Genossenschaft, sorgen sich um das Ruhrgebiet, aber wollen dabei auch ihre Position gegenüber anderen bewahren oder stärken.

Inzwischen haben sich die öffentlichen Institutionen vermehrt. Es gab die IBA, es gibt sechs Regionen im Rahmen der »Zukunftsinitiative für die Regionen Nordrhein-Westfalens« (ZIN), es gibt die Projekt-Ruhr-GmbH.

Das Plädoyer für die Stadt Ruhr ist deshalb auch das Plädoyer für eine radikale Konzentration der administrativen Zuständigkeiten. Landesregierung und Stadt Ruhr, dazwischen gar nichts – das ist diese radikale, aber rechtlich mögliche und praktikable Lösung. Gerade gegen eine radikale Lösung werden Argumente unlösbarer Details angeführt. Sie interessieren oft nur wenige Spezialisten. Auf viele von diesen Argumenten soll eingegangen werden, gerade um die »große Lösung« verständlich zu machen, die der Beobachter aus der Ferne auch ohne diese Dateils versteht.

Die Verwaltungsstruktur der Weltstadt Ruhr selbst wie ihre administrative Integration in die Struktur des Landes Nordrhein-Westfalen ergeben sich aus ihrer globalen Funktion: Die Stadt muss weltweit handeln können, weltweite Netze knüpfen und daraus den Nutzen für ihre Bewohner ziehen. Damit unterscheidet sie sich von allen anderen Städten des Landes und das rechtfertigt eine nur auf Ruhr bezogene Lösung. Aber diese globalorientierte Lösung darf nicht zu Lasten der Lebensqualität und der sozialen Chancen ihrer Bewohner gehen, das erfordert Dezentralisierung mit einer sehr bürgernahen und doch starken untersten Verwaltungsstufe. Im Übrigen: Dass in Millionenstädten die Menschen quartierorientiert sind, lässt sich unter anderem in Berlin erfahren, wo Berliner in ihrem »Kiez« leben.

Auf der obersten Ebene von Ruhr muss deshalb zuerst die Zuständigkeit für die Außenbeziehungen der Stadt liegen. Das gilt für die in der Welt wahrnehmbare Repräsentanz – warum sollte die internationale Presse über den »Ersten Bürgermeister« von Ruhr nicht genauso berichten wie über den Bürgermeister von New York? Das gilt für den Aufbau einer global handlungsfähigen Verwaltung – das »Auswärtige Amt« von Ruhr. Das gilt für die gemeinsame Außendarstellung und Außenwerbung.

Weitere Selbstverwaltungs-Aufgaben dieser Ebene sollten im wesentlichen die Flächennutzungsplanung, der öffentliche Personennahverkehr und die großen Kultureinrichtungen sein. Das genügt. Hinzu kommen aber die Aufgaben, die bislang Regierungspräsidenten, Landschaftsverbände und Regionalverband Ruhr, auch die ZIN-Regionen oder die Projekt-Ruhr-GmbH wahrgenommen haben.

Selbstverständlich benötigt die Stadt Ruhr einen Rat und einen politischen Repräsentanten – beide gewählt entsprechend der nordrhein-westfälischen Gemeindeordnung. Immer Streit erregend geeignet für symbolische Diskussionen ist der Titel des ersten Repräsentanten. Erster Bürgermeister – in Hamburg gebräuchlich – könnte angemessen sein, den Repräsentanten der nächsten Ebene blieben ihre Titel »Oberbürgermeister«.

Die Aufgaben der obersten Ebene definieren auch die Aufgaben der zweiten. Das meiste kann so bleiben, wie es derzeit ist. Die Selbstverwaltungsaufgaben großer Städte bedürfen keiner Zentralisierung – eher einer Dezentralisierung auf ihre städtischen Bezirke. Das gilt natürlich zunächst nur für die kreisfreien Städte. Für die bisher kreisangehörigen ergibt sich die Auflösung der Kreise. Deren Aufgaben, vor allem soweit sie staatliche Auftragsverwaltung sind, gehen auf die Stadt Ruhr über, andere auf die bislang kreisangehörigen Gemeinden.

Damit stellt sich die Frage nach der Größe der Bezirke. Gemäß aller Erfahrung ist es wohl ein Irrtum, dass größere kommunale Einheiten grundsätzlich kostensparend und effizienzsteigernd sind. Die 2.056 bayerischen Gemeinden haben dem Freistaat offenkundig in seiner Leistungskraft und Entwicklung nicht geschadet. Bezirke machen Sinn, wenn sie auf siedlungsstrukturellen und auch historischen Gemeinsamkeiten beruhen. Und sie sind dann bürgernah, wenn sie Aufgaben schnell und bei Bürgerbeteiligung lösen. In Nordrhein-Westfalen sind dazu gerade kreisangehörige Gemeinden um die 50.000 Einwohner gut in der Lage. Dabei vereinen sie aufgrund der kommunalen Neugliederung der 1970er Jahre eine Vielzahl von Ortschaften, die durch Ortsvorsteher repräsentiert werden. Sozialer Zusammenhalt im Vereinsleben ist auf dieser Ortsebene zu finden. Gerade in diesen Städten wird manches Landesprogramm bereits umgesetzt, während der entsprechende Runderlass in den Großstädten noch auf dem internen Verwaltungsweg weitergeschoben wird. Hinderlich mag allein der Verwaltungsweg nach oben sein, da er oft nicht ausreichend durch persönliche Beziehungen zum Kreis, zum Regierungsbezirk, zum Landschaftsverband und dann zur Landesregierung »humanisiert« und damit verkürzt oder beschleunigt werden kann.

Der Blick auf die Einwohnerzahlen der kreisangehörigen Städte und Gemeinden im RVR und im Kreis Mettmann zeigt, dass 33 von ihnen weniger, 19 mehr als 50.000 Einwohner haben. Damit stellt sich für die Mehrzahl die Frage der Bezirke nicht, ob ehrenamtliche Ortsvorsteher tätig bleiben oder werden ist aber sinnvoller Weise zu prüfen. Kreisangehörig sind auch zwei Großstädte mit über 100.000 Einwohnern, nämlich Recklinghausen und Moers, für sie wie exemplarisch für Witten, Lünen oder Ratingen sind Bezirke notwendig.

In den kreisfreien Städten ist die Einwohnerzahl 50.000 eine Orientierung für die Bezirksbildung. Das bedeutet in Dortmund, Essen und Düsseldorf etwa 15 Bezirke. Auch innerhalb dieser Bezirke kann es ehrenamtliche Ortsvorsteher geben, verbunden mit der Mitgliedschaft in den Bezirksräten.

Die Bezirke sollen an historische Traditionen anknüpfen, Herrensitze, Kirchen, frühere Amts- oder Rathäuser ihre baulichen Bezugspunkte sein. Die Bewahrung der geschichtlichen Identität gehört, eingebunden in das Vereinsleben, zu ihren Aufgaben. Ihre erste Aufgabe aber ist das wohnnahe und damit sozial integrative Angebot an Wissensvermittlung von der Krabbelstube und dem Kindergarten über die Grundschule und die Schulen der Sekundarstufe zum lebenslangen Lernen bis ins Nacherwerbsleben hinein. Mittelpunkt der Bezirke ist deshalb die das Leben der Bürger begleitende Schule – in der Wissensgesellschaft für die Stadt und den Stadtteil so wichtig wie in der vorindustriellen Stadt das Rathaus, die industrielle Stadt hatte ja beides vernachlässigt.

Verwaltungen, die sich auf neue Informationstechnologien stützen können, ermöglichen Ortsnähe ohne Kostensteigerungen. Zentralisierte innere Dienste und dezentralisierter Bürger-Service (»Bürger-Dienste«) ist die kommunale Handlungsdevise einer Millionenstadt des 21. Jahrhunderts. Die mittlere wie die untere Ebene, also Stadt und städtische Bezirke, sollten unmittelbar gewählte Stadt- oder Bezirksräte haben, die Städte auch den direkt gewählten Bürgermeister.

An dieser Stelle mag es die Frage geben, ob eine dreistufig verwaltete Weltstadt möglich ist. Der Blick nach New York zeigt es. Auch wenn New York nicht nur exemplarisch sondern auch einzigartig ist, löhnt der Vergleich. New York ist 1889 durch Zusammenschluss von New York, Brooklyn und anderen Städten entstanden, gleichzeitig wurden Zuständigkeiten des Staates New York auf die Stadt New York verlagert. Sie besteht seitdem aus fünf Counties, zweite Stufe, und 59 Boroughs, dritte Stufe – auf beiden Stufen gibt es Verwaltungen und gewählte bürgerschaftliche Vertretung.

Von der Ebene der Bürgernähe zurück zu den Aufgaben der Stadt Ruhr, die sie von »oben« übernehmen sollte. Es ist offenkundig, dass eine Stadt nicht von drei Regierungspräsidenten beaufsichtigt werden kann. Ein Regierungspräsident mit Zuständigkeit für die ganze Stadt ist eine unabweisbare Mindestlösung. Es ist

aber mehr als fraglich, ob eine Weltstadt die Kommunalaufsicht und die Bündelung von Ressorthandeln durch einen Regierungspräsidenten braucht. Die andere deutsche Weltstadt Berlin ist ein Land, wie die drittgrößte Stadt nach Ruhr und
Berlin, Hamburg, auch.

Regierungspräsidenten sind für die Verwaltung eines Landes nicht erforderlich, kleinere Länder, also Schleswig-Holstein, Brandenburg, Mecklenburg-Vorpommern, Saarland, Thüringen, haben deshalb keine. Und in Niedersachsen
hat die Landesregierung die Abschaffung der Regierungsbezirke eingeleitet. Die
Kommunalaufsicht liegt dann bei der Landesregierung direkt, das ist auch in
Nordrhein-Westfalen gegenüber Ruhr geboten.

Angesichts der Größe des Landes sollten Regierungsbezirke für die anderen
Landesteile erhalten bleiben, also für 11,7 Millionen Einwohner. Bayern hat
ebenfalls Regierungspräsidenten, nämlich 7, mit nur 1,086 Millionen Einwohnern im Regierungsbezirk Oberpfalz. Von den vier Regierungsbezirken in Baden-Württemberg hat der kleinste, Tübingen, 1,779 Millionen Einwohner. Kleiner als Oberpfalz sind der Regierungsbezirk Gießen in Hessen mit 1,065 Millionen Einwohnern, Trier in Rheinland-Pfalz mit 513.000 Einwohnern, Leipzig in
Sachsen mit 1,085 Millionen Einwohnern, Dessau und Halle in Sachsen-Anhalt
mit 533.000 beziehungsweise 851.000 Einwohnern.

Nach diesem Kriterium gibt es keine stichhaltigen statistischen Argumente
gegen die Lebensfähigkeit der nordrhein-westfälischen Regierungsbezirke. Im
Rheinland bliebe der Regierungsbezirk Köln unberührt. Mit weiter 4,310 Millionen Einwohnern wäre er dann der größte in Deutschland vor Oberbayern mit
der Bezirkshauptstadt München mit 4,138 Millionen Einwohnern. Der in seinem Sitz an den linken Niederrhein zu verlegende Regierungsbezirk Düsseldorf
verlöre drei Millionen Einwohner und hätte noch 2,255 Millionen, also eine ausreichende Größe. Der Landschaftsverband Rheinland würde 6,565 Millionen
Menschen umfassen und etwas größer sein als der westfälische.

Dort in Westfalen bliebe der Regierungsbezirk Detmold unberührt und hätte
2,069 Millionen Einwohner, vergleichbar dem neuen Bezirk Düsseldorf. Münster verlöre 1,054 Millionen Einwohner und behielte 1,566 Millionen, Arnsberg
verlöre 2,358 Millionen Einwohner und behielte 1,445 Millionen. Jeder wäre
größer als der Regierungsbezirk Oberpfalz in Bayern.

Die drei westfälischen Bezirke wären kleiner als die zwei rheinischen. Das
ist aber im bundesweiten Vergleich kein Grund, sie zusammen zu legen. Bisher
wird die Siedlungsstruktur der ländlichen Bezirke Münster und Arnsberg
durch Teile der Agglomeration zwischen Ruhr und Emscher ausgeglichen. Ob
das die raumordnerische Ideallösung ist, mag dahingestellt bleiben. Die für
nordrhein-westfälische Verhältnisse dünn besiedelten Bezirke Münster und

Detmold – Detmold hat mit 317 Einwohnern auf dem Quadratkilometer aber immer noch eine höhere Dichte als alle Flächenländer außer dem Saarland – haben in Münster sowie in Bielefeld und Paderborn ihre Oberzentren, im neuen Regierungsbezirk Arnsberg müsste das solitäre Verdichtungsgebiet um Siegen dazu weiter entwickelt werden, was eher zum Nutzen dieses Raumes sein dürfte. Die Dichte von Münster wird 264 und die von Arnsberg 240 Einwohner betragen, von den deutschen Flächenländern wären nur Nordrhein-Westfalen, das Saarland, Baden-Württemberg und Hessen dichter besiedelt, die übrigen neun weniger dicht.

Die Diskussion um den Fortgang der Verwaltungsreform in Nordrhein-Westfalen wird von Vorschlägen zu drei Regionen bestimmt. So weit für das Ruhrgebiet ein Regionalverband und ein Regierungsbezirk vorgeschlagen sind, entsprechen sie territorial dem Plädoyer für die Stadt Ruhr, nicht aber der Notwendigkeit der Stadtbildung. Zwei weitere Regionalverbände für Westfalen und Rhein und gleichzeitig zwei damit territorial deckungsgleiche Regierungsbezirke stünden der Stadt Ruhr nicht im Wege. Sie wären aber für dieses Ziel auch nicht notwendig.

Damit ist das Verhältnis der Landschaftsverbände zur Stadt Ruhr angesprochen. Mit liebenswerten historischen Gründen wird vor allem für Westfalen gestritten, das durch die Stadt Ruhr, die Herauslösung von 3,4 Millionen Westfalen aus ihrem Landesteil gefährdet wäre. Vor Überlegungen zum Umgang mit westfälischer Geschichte sind die Kompetenzen der Landschaftsverbände, öffentlich-rechtliche Körperschaften mit dem Recht der Selbstverwaltung, also höhere Kommunalverbände, in ihrer Wirkung auf die Stadt Ruhr zu prüfen.

Nach der Landschaftsverbandsordnung gehörten bis 2000 zu den Kompetenzen der Landschaftsverbände soziale Aufgaben, Jugendhilfe und Gesundheitsangelegenheiten, das Straßenwesen, die landschaftliche Kulturpflege, die Landes- und Landschaftspflege und die Kommunalwirtschaft. Mit dem Verwaltungsreformgesetz von 2000 wurde das Straßenwesen auf das Land übertragen – zu Recht, denn ganz überwiegend werden Bundesautobahnen und -straßen in Auftragsverwaltung des Bundes und vom Bund finanziert gebaut. Die kommunalwirtschaftliche Tätigkeit mag für kleinere Kommunen bedeutsam sein, soweit sie Ruhr betrifft ist sie nicht funktional. Ein Politikum mag die Gewährträgerschaft der Verbände bei der Westdeutschen Landesbank sein. Ruhr mag darauf verzichten können, die Stadt wäre über ihre Sparkassen, die ganz sicher aus den westfälischen und rheinischen Regionalverbänden ausscheiden und eine eigenständige Zusammenarbeit organisieren sollten, ausreichend beteiligt. Die gesundheitspolitischen Aufgaben liegen vor allem in der Trägerschaft der Landeskrankenhäuser; eine gemeinsame Verwaltung zwischen den Landschaftsverbänden und der

Stadt Ruhr, für Krankenhäuser auf ihrem Gebiet wie für Krankenhäuser an anderen Standorten, die Kranke aus Ruhr aufnehmen, könnte zweckmäßig sein. Bei der jugendpolitischen Zuständigkeit für die Landesjugendämter wäre die Aufgabenübertragung auf die oberste Ebene der Stadt Ruhr sinnvoll.

In den Zusammenhang historischer Argumentationen gehören landschaftliche Kulturpflege sowie Landes- und Landschaftspflege. In letzterem Bereich werden die Landschaftsverbände auf Antrag von Mitgliedskommunen tätig – dafür wird Ruhr zur Realisierung der hier dargelegten Konzeption von Stadtlandschaft sinnvoller Weise selbst tätig. Von Interesse ist die Trägerschaft bei Landesmuseen. Pragmatisch spricht nichts gegen gemeinsame Trägerschaften, gerade dort wo gleichermaßen Objekte aus Ruhr wie aus anderen Orten musealisiert sind. Offenkundig gilt das für das Westfälische Museum für Archäologie in Herne.

Für die Geschichte und ihre Pflege seit dem 19. Jahrhundert aber lässt sich erkennen, dass die zwei herausragenden historischen Ereignisse die Provinzgrenzen überschreiten. Im Blick auf die politische Geschichte gilt das für die Zugehörigkeit des Landes zu Preußen, im Blick auf die Wirtschaftsgeschichte für die frühere Geschichte überdeckende Industrialisierung.

Zur Musealisierung der preußischen Geschichte in Nordrhein-Westfalen ist 1989 vom Land das Preußen-Museum in Wesel, also im Gebiet des Regionalverbandes Ruhr, und in Minden, initiiert worden. Es sollte als gemeinsame Einrichtung des Landes, beider Landschaftsverbände, der Stadt Ruhr, in der Nachfolge der Stadt Wesel, und der Stadt Minden weitergeführt werden. Ruhr, nicht Berlin, wäre die größte ehemals preußische Stadt. Ruhr sollte auch die preußische Baukultur pflegen, sie ist erkennbar zum Beispiel am früheren Landtag in Düsseldorf, dem Polizeipräsidium in Hamborn, der Hauptpost in Essen, den Ruhrschleusen in Hattingen und Witten, dem Schiffshebewerk in Henrichenburg.

Industriemuseen der Landschaftsverbände gibt es im Ruhrgebiet wie an anderen Standorten Westfalens und des Rheinlands. Es macht Sinn, alle Museen als gemeinsame Einrichtung beider Landschaftsverbände und der Stadt Ruhr zusammenzufassen.

Die am Denkmalschutz Interessierten werden nach der Rolle der bei den Landschaftsverbänden verankerten Landeskonservatoren in der Stadt Ruhr fragen. Die Logik des nordrhein-westfälischen Denkmalschutzgesetzes garantiert deren fachliche Unabhängigkeit gegenüber den Kommunen, die die Denkmaleigenschaft letztlich rechtlich feststellen. Deshalb kann es keinen Landeskonservator als Bediensteten der Stadt Ruhr geben. Die bisherige Regelung kann beibehalten werden, der rheinische und der westfälische Landeskonservator bleiben für ihr bisheriges Gebiet auch gegenüber der Stadt Ruhr zuständig. Manchmal machen die Ausnahmen ein Prinzip erst schön.

Das historische Erbe Westfalens aber wird nicht geschmälert, auch wenn ein höherer Kommunalverband namens Westfalen-Lippe Mitgliedskommunen verliert. Lippe war niemals territorialer Bestandteil Westfalens. Westfalen, einer der drei sächsischen Stämme, neben den Engern und den Ostfalen, leben nicht nur im heutigen Nordrhein-Westfalen, ganz sicher auch in Niedersachsen, wozu sie denn als Sachsen ja gehören könnten. Der Westfälische Frieden, dieses die folgenden Jahrhunderte bis heute prägende Ereignis der Verrechtlichung internationaler Beziehungen und damit der Globalisierungsgeschichte, wurde in Münster, aber auch in Osnabrück geschlossen.

Der bekannteste Anführer der Sachsen, Herzog Widukind, ging in die Geschichte ein wegen seiner Kriege mit dem Frankenkönig Karl (dem Großen), der zwischen Ruhr und Emscher den Hellweg anlegte. In Paderborn traf sich der Franke mit dem Papst, nachdem er die Sachsen, wohl vor allem die Engern, niedergeworfen hatte. An die Engern erinnert noch eine kleine Stadt im ostwestfälischen Kreis Herford, die Ostfalen verschwanden zwischen dem 9. und 10. Jahrhundert irgendwie aus der Geschichte. Aber an die Franken erinnern Städtenamen, vor allem Frankfurt im heutigen Hessen, aber auch Frankfurt an der Oder. Auch ein stolzes Land trägt ihren Namen – France, Frankreich. Aber an Frankreich denkt niemand, der wie es das Lied besingt, »ins Land der Franken fährt«, nach Nürnberg, Würzburg oder Rothenburg ob der Tauber, in Bayern gelegen, oder nach Wertheim, zu Baden-Württemberg gehörig. So ändern sich die Zeiten.

Aber ins Land der Westfalen werden weiter Menschen fahren, auch wenn es Ruhr als Stadt gibt, dabei auch nach Dortmund kommen, der einzigen Freien Reichsstadt Westfalens – sicher mehr denn je, wenn in Dortmund der Erste Bürgermeister der Weltstadt Ruhr in seinem Rathaus Gäste begrüßt. Auch wenn es dazu kommt, muss Ruhr sich anstrengen global bekannter zu werden als der Westfälische Frieden.

14. Die »realistischen« Alternativen zur Weltstadt in der Wissensgesellschaft

Die Global City Rhein-Ruhr ist eine realisierbare Vision, sie ist heute dennoch nicht wahrscheinlich, weil zu viele, auf die es für ihre Realisierung ankommt, sie nicht für realistisch halten. Realistisch ist vielleicht der Ausblick Karl Gansers. Er ist skeptisch gegen den »Ruhrstadt-Spuk«. Ob sein Ausblick dann Mut machen soll, ist etwas unklar. Er schreibt im August 2001: »Wie bodenlos die gegenwärtige Ruhrstadt-Diskussion betrieben wird, wird auch daran deutlich, dass die Frage, welche Zukunftsaufgaben die neue Ruhrstadt denn bewältigen soll, nicht wirklich interessiert.« Ein solcher Ausblick unter den Bedingungen – weiter so wie bisher – hätte das äußerst wahrscheinliche Ergebnis, dass die Ruhrregion als Großagglomeration im Laufe der Zeit zerfällt.

Es gab immer mal ein paar einsame Stimmen aus der Wissenschaft, die eine wahrscheinliche Entwicklung des Reviers wie folgt beschrieben haben: Irgendwann in diesem Jahrtausend wird das Ruhrgebiet eine ganz »normale mitteleuropäische Region« ohne besondere Auffälligkeiten mit wesentlich weniger Bevölkerung als heute sein. Die Ablösung von der Montanindustriezeit ist ausgestanden. Die Arbeitsmarktbilanz hat sich einigermaßen auf den Bundesdurchschnitt eingespielt, nicht weil Politik besonders viele neue Arbeitsplätze stimuliert hat, sondern weil die demografische Entwicklung selbstlaufend dazu führte, dass das Potential von Erwerbspersonen deutlich abnahm. Wirtschaftlich funktional hat sich der größere Teil des Ruhrgebietes immer stärker auf die Rheinachse ausgerichtet und wurde von dieser immer mehr abhängig. Dortmund wurde eine der drei Regionalzentralen in Westfalen neben Münster und Bielefeld. Emscher-Lippe wurde zum unauffälligen Teil des südlichen Münsterlandes. Die in dieser Region lebenden Menschen werden mit dieser Entwicklung so zufrieden sein, wie in den anderen »normalen Regionen« in Mitteleuropa, also nicht viel anders als in Kaiserslautern oder Osnabrück oder Saarbrücken oder sonst wo.

Die ökonomische und funktionsräumliche Abhängigkeit von der Rheinachse ist zur Zeit schon ganz erheblich. Man betrachte die Auspendlerströme aus dem Revier in Richtung Rheinachse. Und die politische Abhängigkeit von Düsseldorf wird bleiben oder gar steigen. Schon in der Vergangenheit wurde das Ruhrgebiet von Düsseldorf aus regiert, weil traditionell der »Schreibtisch des Reviers« dort stand und weil die Landesregierung immer besonderen Einfluss auf das Revier nahm. Und es ist auch nicht abzusehen, dass von Düsseldorf aus dem Revier eine größere politische Eigenständigkeit zugestanden wird. Ministerpräsident Rau meinte, er müsse »zum Triebtäter werden«, wenn es einen eigenen Ruhrbezirk gäbe und Ministerpräsident Clement wird nicht müde, die Einheit von Rhein und Ruhr zu proklamieren«. Zugegeben: warum sollte dieser pessimistische Realismus Unrecht haben.

Pessimistischer Realist ist auch Gerd Willamowski, nur mit anderem Ergebnis. Zum Ende seiner neunjährigen Tätigkeit als letzter Direktor des Kommunalverbandes Ruhr – bevor der Regionalverband kam – stellte er am 11.9.2004 in der Westdeutschen Allgemeinen fest: »Die Ruhrstadt kommt in zehn bis 15 Jahren zwangsläufig … so sicher wie das Amen in der Kirche.« Die Revierstädte kämen nicht umhin, zentrale Aufgaben auch zentral zu lösen, »weil sonst die Not noch größer wird«.

Von der Not sprechen auch andere Realisten. So das Berlin-Institut für Weltbevölkerung und globale Entwicklung mit »Deutschland 2020«. Dort heißt es: »Das Revier steigt ab.«

»Die alte Wirtschaftsstruktur des Ruhrgebiets drückt Nordrhein-Westfalen bis heute ihren Stempel auf. Zu viele Menschen haben zu lange direkt oder indirekt von Kohle und Stahl gelebt. Beim Strukturwandel tut sich Nordrhein-Westfalen bis heute schwer: Nicht High-Tech-Betriebe, sondern vorwiegend Firmen aus der mittleren Stufe der Wertschöpfungskette wie Chemie, Maschinenbau und Metallverarbeitung zählen zu den exportstärksten. Trotz Modernisierung bleibt Nordrhein-Westfalen im wesentlichen auf stagnierende Branchen ausgerichtet. Im Bereich der Spitzentechnologie kann das Land mit Bayern und Baden-Württemberg nicht mithalten. Zwischen 1993 und 2001 wuchs das reale Bruttoinlandsprodukt Nordrhein-Westfalens um 9,5 Prozent – nur halb so stark wie in Bayern und weniger als in jedem anderen westdeutschen Bundesland. An der schwachen Entwicklung Nordrhein-Westfalens dürfte die Bundes- und Landespolitik nicht ganz unschuldig sein. Sie hat über Jahrzehnte versucht, die anstehende Modernisierung der Wirtschaft sozialverträglich und mit Subventionen abzufedern – und hat diese damit gebremst. Seit 1980 hat der deutsche Staat rund 100 Milliarden Euro aufgewendet, um den sterbenden Steinkohleabbau am Leben zu halten. Noch heute arbeiten im Ruhrgebiet etwa 50.000 Kohlekumpel, obwohl der Preis einheimischer Steinkohle um ein Vielfaches über dem der Importkohle liegt. Dennoch ist heute in vielen Großstädten der Region die Arbeitslosigkeit extrem hoch. Gelsenkirchen, die Schlusslichtstadt der Landes-Gesamtwertung, hatte im Jahr 2002 mit mehr als 17 Prozent die nach Bremerhaven zweithöchste Arbeitslosigkeit ganz Westdeutschlands. Das Ruhrgebiet gehörte jahrzehntelang zu den menschenreichsten Ballungsräumen der Welt. Doch seit Kohle und Stahl keinen Wohlstand mehr schaffen, sind immer weniger Menschen bereit, in der geschundenen Landschaft zu leben. Die junge Mittelschicht drängt ins Grüne und verlässt das Ruhrgebiet. In Gelsenkirchen und Essen ist die Einwohnerzahl binnen elf Jahren bereits um fast sechs Prozent zurückgegangen.

Suburbanisierung und Familienwanderungen ins Umland sind in allen deutschen Ballungsräumen zu beobachten. Doch häufig wird der Schwund kompensiert durch den Zuzug junger Studierender und Auszubildender. Nicht jedoch in Essen, Duisburg und Herne. Die Städte üben offenbar wenig Anziehung auf junge Menschen aus. Zurück bleiben dann jene, die wenig mobil sind: Arme, Alte und Ausländer. Das Ruhrgebiet ist schon heute der rentnerreichste Großraum Deutschlands. Insgesamt haben elf Prozent der Einwohner Nordrhein-Westfalens keinen deutschen Pass. In den Städten des Ruhrgebiets ist der Ausländeranteil, vor allem in den jüngeren Altersklassen, oft erheblich höher. In Duisburg sind 26 Prozent der unter 30-jährigen Nicht-Deutsche – bei einem Gesamtausländeranteil von lediglich 16,6 Prozent. Zwei Gründe gibt es für den Überhang an jungen Ausländern: Zum einen bekommen Ausländer mehr Kinder als Deutsche. Zum anderen verlassen vermehrt junge Menschen, die es sich erlauben können, die tristen Städte des Reviers – und das sind eher die Einheimischen. Bei den Zurückbleibenden mischen sich oft Armut und Arbeitslosigkeit zu sozialem Sprengstoff. Schlechte Ausbildung, fehlende Jobs und mangelhafte soziale Integration führen in den Städten mit den höchsten Anteilen an unter 30-jährigen Ausländern zu einem hohen Maß an Gewaltkriminalität. In zwei Jahrzehnten wird, Prognosen zufolge, in vielen Städten des Ruhrgebiets die Mehrheit der Jugendlichen einen Migrationshintergrund haben. Angesichts ethnischer Ghettos, die schon heute das Zusammenwachsen der Kulturen behindern, wird klar, vor welcher Herausforderung die um Integration bemühten Behörden – aber auch die gesamte Gesellschaft stehen. Deutschlandweit versuchen Stadtplaner und Investoren auf Industriebrachen Freizeitparks, Edutainment-Center oder Sport-Arenen anzusiedeln. Das Ruhrgebiet war Vorreiter dieser Entwicklung. Als zum Beispiel 1992 in Oberhausen die Thyssen-Hütte geschlossen wurde, entstand auf dem Gelände für eine Bausumme von zwei Milliarden Euro der gigantische Konsum- und Unterhaltungspark ›CentrO‹. Die ›Kulturwirtschaft‹ avancierte zum Hoffnungsträger der Region. Mit der Zeche Zollverein in Essen, der Arena Oberhausen, einem ›Alpincenter‹ mit ganzjährigem Kunstschnee in Bottrop, dem RheinRuhr-Zentrum in Mühlheim oder dem Ruhrpark in Bochum eröffnete ein Tempel der Spaßgesellschaft nach dem anderen seine Pforten. Die Zahl der Arbeitsplätze in Bottrop stieg zwischen 1991 und 2001 gegen den Trend um vier Prozent – zum Teil durch Jobs in der Freizeitindustrie. Nicht alle Einrichtungen arbeiten profitabel, doch regional scheint das Konzept aufzugehen. Immerhin wohnen im Umkreis von drei Stunden Fahrzeit zu diesen Anlagen 30 Millionen Konsumenten.«

Diese Prognose ist nicht realistisch, sie ist nur schwarzmalerisch pessimistisch. Das hat manche Ursachen. Methodisch gründe die Argumentation allein auf den »Bevölkerungsschrumpfungsprognosen«. Dann aber auch auf Unkenntnis. An Kleinigkeiten macht sich das leicht fest: Nachdem zunächst der Dienstleistungsbereich nicht erwähnt wird, erfolgt eine richtige Bewertung der Freizeitdienstleistungen, aber ein Detail fällt auf: RheinRuhr in Mülheim und Ruhr-Park in Bochum sind klassische Einkaufszentren der 1960er Jahre. Gravierender: Wenn ein Berliner den Zuzug von Studierenden ins Ruhrgebiet nicht sieht, schließlich hat Ruhr mehr davon als Berlin, dann kann an der wissenschaftlichen Objektivität gezweifelt werden. Pessimistische Realisten können zu unterschiedlichen Ergebnissen kommen. Das ist gut so. Auf Schwarzmalerei können die falschen Konsequenzen folgen. Das ist fatal.

Eine solche Konsequenz ist die Sonderwirtschaftszone. Das Ruhrgebiet war seit der Mitte des 19. Jahrhunderts bis zum Ende des Zweiten Weltkriegs eine Sonderwirtschaftszone. Unternehmen konnten dort subventioniert und ohne sozial- und umweltstaatliche Regulierung handeln. Das Ergebnis wird seit der Kohlenkrise 1958 immer deutlicher. Lutz Niethammer hat 1984 das Ruhrgebiet als verdichtetes Hinterland mit quasi kolonialem Status bezeichnet. So kann es als Sonderwirtschaftszone weiter von der Königsallee aus behandelt werden. Bis der Pott überkocht oder das Gekochte verdampft.

Realismus muss nicht richtig sein

Es gibt ein Argument auch gegen Realismus: Die Erfahrung, dass Zukunft nicht determiniert ist und Prognosen deshalb nicht wirklich eine zukünftige Realität abbilden, sondern dass Zukunft von heutigen und morgigen und übermorgigen Entscheidungen abhängt. Diese Erfahrung erst rechtfertigt Visionen. Wissenschaftliche Abhandlungen wie belletristische Literatur sind voll von pessimistischen Zukunftsszenarien; deshalb macht es Sinn, optimistisch über Chancen von Zukunftshandeln zu schreiben. Gerade die Generation mit der persönlichen Erfahrung der Geschichte der zweiten Hälfte des 20. Jahrhunderts hat viele wirklichkeitsbezogene Gründe, Visionen für realisierbar zu halten. Wer hätte 1945 für Westeuropa und Westdeutschland, einschließlich des Ruhrgebiets, 60 Jahre Frieden vorhergesagt, wer 1950 die Überwindung der Staub-Silikose und wer 1988 den Zusammenbruch des Kommunismus in Europa? Und wer hätte Irlands wirtschaftliche Entwicklung vorhergesagt? Das Land war noch in den 1980er Jahren das Armenhaus der EU. Heute hat es ein höheres Sozialprodukt pro Einwohner als Deutschland.

All das waren Visionen. Daran gemessen ist eine »bessere« Entwicklung in einer Stadt Ruhr eher ein Ansporn zum planvollen Handeln.

15. Die Weltstadt Ruhr ist eine Entscheidung

Die Weltstadt Ruhr kann es nur geben, wenn sie politisch gewollt und dann realisiert wird. Das muss zuerst in den Städten geschehen, die zu Ruhr gehören. Dann muss das Land die Vorteile erkennen, die die Weltstadt Ruhr für ganz Nordrhein-Westfalen bringen kann. Der Weg zu diesem politischen Wollen und Entscheiden ist eingeschlagen. Die politische Diskussion dazu erreichte wieder öffentliches Interesse, als im Jahr 2000 die Landesregierung die Verwaltungsreform fortzusetzen begann.

Ein erster wichtiger Schritt war das Gesetz über den RVR. Der neue Verband hat sich konstituiert. Mit den Kommunalwahlen vom 26. September 2004 sind die politischen Mehrheitsverhältnisse in der Verbandsversammlung neu festgelegt. Die SPD ist wieder stärker als die CDU, nachdem die Wahlen 1999 die Illusion einer ewigen SPD-Mehrheit im Ruhrgebiet hat platzen lassen. Vielleicht erleichtert dieser zweimalige Mehrheitswechsel Sachlichkeit und macht Parteitaktik im Hinblick auf etwaige Mehrheiten im Rat der Stadt Ruhr fragwürdiger. Die ersten und wichtigsten Aufgaben des RVR sind der gemeinsame Flächennutzungsplan und die Masterpläne. Sie sollten durch globale Ideenwettbewerbe vorbereitet werden.

Es wird im Mai 2005 Landtagswahlen geben, vielleicht eignen sich die Wochen davor doch zu einer sachlichen Diskussion auch über die Zukunft von Ruhr. Wahlauseinandersetzungen sollten Feierstunden der Demokratie sein, Wochen, in denen es Zeit des Engagements für »gute« Entwicklung gibt. 2006 könnte das Jahr der Bestandsaufnahme sein. Wenn dann die Verbandsversammlung des RVR beschließt, weitere Schritte zur Stadt Ruhr zu gehen, stünden alle beteiligten demokratisch legitimierten Körperschaften vor der Entscheidung. Beschlüsse der Räte der Mitgliedsstädte müssten sich anschließen. Spätestens dann kann auch das Land sich nicht mehr drücken. Gesetzesinitiativen sind von der Landesregierung, oder wie beim RVR-Gesetz, aus dem Landtag heraus möglich.

Es gibt keinen wirklich triftigen Grund dagegen, bei der Kommunalwahl 2009 Wahlen für den Ersten Bürgermeister und den Rat von Ruhr sowie für die Räte seiner Städte und Bezirke abzuhalten.

Es gibt natürlich auch andere Realisierungsszenarien. Das Volksbegehren und der Volksentscheid sind einleitend angedeutet. Das ist das radikale Alternativverfahren. Immer möglich ist die gemeinsame Praxis des RVR und seiner Mitglieder als globale Agglomeration, als Metropolitan Area – wie es in den USA heißen würde – zu agieren.

Die Bewerbung für die Kulturhauptstadt Europas war ein guter Schritt dorthin. Er hat auch gezeigt, dass gemeinsames Auftreten und interne Konkurrenz sich nicht ausschließen, sondern gegenseitig fördern. Die von der WAZ organisierte Bürgerbeteiligung war dazu geeignet, verbunden mit einer aktiven Kommunika-

tion über die »Schätze« der möglichen Stadt Ruhr. Manches bei solcher Konkurrenz fördert richtigerweise identitätsstiftende Symbole hervor. Die Entscheidung für die Weltstadt Ruhr benötigt ihre Symbole – zur Bewusstseinsbildung nach innen, als Signal nach außen. Drei solche Entscheidungen sind schnell möglich:
– für den Namen: alternativlos: »Ruhr«,
– für ein neues Erkennungsmerkmal: den Elefanten;
– für schnell erkennbares politisches Handeln: die grünste und blumenreichste Weltstadt.

Der Name Ruhr

Bei der Suche nach einem Namen für die Stadt, zu der die Agglomeration an Ruhr und Rhein werden kann, ist das wichtigste: Ruhr-»Gebiet«, Revier, (Kohlen-)Pott müssen im eigenen Bewusstsein der Agglomeration verblassen und dann zur historischen Reminiszenz werden, und im Bewusstsein der Außenstehenden schlicht verschwinden. Eine Weltstadt mag sich »Big Apple« (Großer Apfel) nennen wie New York, aber nicht »Kochender Pott«. Es ist für eine Stadt zwingend, sich von solchen Begriffen zu lösen.

Die Suche nach dem richtigen Namen kann zwei Wege gehen. Es kann nach einem neuen Namen gesucht werden, der vielleicht das Adjektiv neu enthält, einem Namen der dazu global verständlich oder in andere Sprachen übersetzbar ist. Ein solcher Name ist New York, das zuvor noch Neu-Amsterdam hieß, New Orleans, Neu-Dehli entsprechen diesen Gedanken. Neu-Brücken als Name für die neue Stadt ist ein Einfall in diese Richtung, ein Name, den es für keine bekanntere Stadt gibt, der zudem in andere Sprachen verständlich übersetzbar ist – New Bridge, Pont Neuf, Ponte nevo. Aber wahrscheinlich bleibt dieser Name künstlich, erschwert die Identifikation der Bewohner der Agglomeration.

Identitätsstiftend ist das Anknüpfen an geographisch oder geschichtlich Vorhandenes und Gehörtes. Und das ist die Ruhr, der Name des Flusses, an dem die Industrialisierung begann und an dem sie nicht mehr recht zu bemerken ist. Es gibt Initiativen, das Ruhrtal unter Denkmalschutz zu stellen, ja es zum Weltkulturerbe zu machen. Dort, wo die Ruhr mündet, gibt es seit dem Mittelalter Ruhrort – für Jahrzehnte der größte Binnenhafen der Welt. Ruhrort verbindet den Fluss mit einem Siedlungsbegriff. »Ort« führt begrifflich zu »Stadt« oder »Dorf«, zu Ruhr-»stadt« oder ironischerweise zu Düssel-»dorf«.

Es gibt in Deutschland schon länger Darm-»stadt« mit 138.000 Einwohnern und Lipp-»stadt« mit 72.000 Einwohnern, als neue Namen Erft-»stadt«, Lenne-»stadt« oder Wein-»stadt«. Aber keine ganz große Stadt trägt den Begriff »-stadt«im Namen. Und das hat Gründe. Innerhalb einer Stadt beschreibt der Begriff als Namenszusatz wesentliche Teile, historisch vor allem die Altstadt und die Neustadt, seit dem Bevölkerungswachstum den Kern, die Innenstadt. Auch im Englischen ist es so, City oder Down-Town sind die englischsprachigen Begriffe, wenn das bauliche oder das kommunikative Zentrum gemeint sind. Ruhr-Stadt könnte also auf die Suche nach der City in Ruhr führen, nicht sinnvoll in einer polyzentrischen Metropole mit mehr als einer City.

Bleibt der Name des Flusses auch als Name der Stadt. Der meistgehörte Einwand dagegen ist, der Name sei für den Fremdsprachigen schwierig. Das widerspricht den historischen Fakten. Die Franzosen besetzten 1923 »La Ruhr«, womit sie wohl nicht den Fluss meinten. Und auch wenn die Briten und die US-Amerikaner damals gegen die Besetzung des »Ruhr-Districts« protestierten, sie können mit dem Wort gut umgehen. Jüngst war es ein britischer Experte, der Ruhr als Namen der Agglomeration vorschlug. Ein weiterer Brite, Roy Kift, titelt seinen englischsprachigen Führer »Tour the Ruhr«. Das alles führt zu einem wohl doch weltweit verständlichen Namen mit nur vier Buchstaben – »Ruhr«.

Das Erkennungszeichen: der Elefant

New York symbolisiert auch graphisch der dicke rote Apfel, Berlin der Bär. Was für Berlin der Bär, das sollte für Ruhr der Elefant sein, ein sympathisches Tier – etwas größer und klüger als der Bär.

Warum der Elefant? Hier spielt die jüngere Geschichte der Stadtentwicklung in den Städten zwischen Ruhr und Lippe hinein. 1984 fand in Hamm die erste Landesgartenschau Nordrhein-Westfalens statt. Dazu wurde das Gelände der Zeche Maximilian im Stadtteil Werries genutzt. Mit der Erschließung war 1902 durch die Eisenwerk-Gesellschaft Maximilianhütte aus dem bayerischen Sulzbach-Rosenberg begonnen worden, die Zeche wurde aber bereits 1921 wieder aufgegeben. Seitdem wurde das Gelände zu einer Industriebrache.

Im Verlauf der Vorbereitungen zur Landesgartenschau sollte die noch erhaltene ehemalige Kohlenwäsche abgerissen werden. Dagegen artikulierte sich Widerstand, gegen die Vernichtung der Chance, die Reste einer früheren Industriearchitektur als Erinnerung an die Geschichte dieses Geländes mit in das Gartenschaukonzept einzubeziehen und somit beispielhaft die Möglichkeiten zur Wiederbelebung von Industriebrachen zu zeigen.

Natürlich stellte sich die Frage, was man aus einem solchen Betonkasten noch machen könne. Am 30. Juni 1981 kam dann nach seinen eigenen Worten der in Duisburg 1951 geborene Maler, Grafiker und Plastiker Horst Rellecke auf die spontane Idee »Man könnte einen riesigen Elefanten daraus machen!« Eine intensive und natürlich streitige Diskussion um Realisierung und Finanzierung begann, in Hamm selbst parteiübergreifend mit dem der SPD angehörenden Oberbürgermeister der Stadt Werner Figgen und in der CDU-Fraktion dem Ratsherrn Laurenz Meyer – 25 Jahre später als Generalsekretär der CDU bekannt geworden – als Befürworter. Schon während dieser streitigen Phase wurde der Elefant zum Identifikationspunkt der Stadt Hamm. Er ist es geblieben.

Bei der gestalterischen Realisierung musste dann noch ein künstlerisch schwieriger Kompromiss gefunden werden, zwischen Relleckes gläsernem Elefanten und Friedensreich Hundertwassers Konzept der Kohlenwäsche als Öko-haus, der überwuchernden Natur überlassen, bepflanzt mit Bäumen und Sträuchern, die Fassade von Mosaikbändern durchzogen. Die Stadt entschied sich für den Glas-Elefanten mit grünem Anhang. Hamm hatte sein Wahrzeichen. Zum 20. Jubiläum der Gartenschau 2004 ist der Besuch der immer noch vorhandenen Gartenschau attraktiv wie nach der Eröffnung. Hamm hat dazu eine Idee übernommen, die auch in Berlin zu sehen ist: Dort prägen künstlerisch gestaltete Bären das Stadtbild, in Hamm sind entsprechende Elefanten zu sehen. Die Geschichte des gläsernen Elefanten auf der Brache einer Zeche, benannt nach einem bayerischen König, in Hamm symbolisiert facettenreich die Fortentwicklung der Industrieagglomeration in andere Zukünfte.

Der Elefant eignet sich, ganz Ruhr zu symbolisieren. Nach Fischers »Neuem Lexikon in Farbe« von 1981 hat der Elefant eine sehr dicke Haut, und er gilt als sehr klug und gelehrig – Ruhr stapft unerschütterlich in die Wissensgesellschaft. Und er frisst Pflanzen. Er lässt sich als regenerierbares Biomassen-Kraftwerk verstehen – so eine Idee von Nikolaus Richter –, Zeichen für den Wandel in den globalen Herausforderungen an Energiewirtschaft. Dieser schon öffentliche Vorschlag hat vor allem die Reaktion hervorgerufen, Elefanten seien zu langsam. Nun ist alles eine Frage des Maßstabes. Der vorwärts stürmende Elefant vermag 40 Kilometer in der Stunde zu leisten, mehr als der 100-Meter-Weltrekord des männlichen Menschen, der rund 37 Stundenkilometern entspricht. Elefantenfreunde geben sogar 60 Stundenkilometer an Schnelligkeit an, das entspricht dann der Schnelligkeit des Löwen.

Das stadtpolitische Programm:
die grünste und blumenreichste Weltstadt

Entstehung und Arbeit von SVR und KVR werden vor allem mit einer Idee Robert Schmidts in Verbindung gebracht, der Schaffung der Grünflächen. Von dort führte ein »grüner Weg« weiter zu den ersten Gartenschauen in der Weimarer Republik, den Revierparks, den Bundesgartenschauen in Dortmund 1959, Essen 1965, Düsseldorf 1987, Dortmund 1991, Gelsenkirchen 1997, der symbolträchtigen Landesgartenschau in Hamm 1984, der 1993 in Lünen. Dabei konnten der SVR und der KVR an vorhandene Gärten und Parks anschließen. 55 öffentlich zugängliche Gärten und Parks und 65 teilweise öffentlich nicht zugängliche stellen Wolfgang Gaida und Helmut Grothe in ihrem Streifzug durch historische Gärten und Parks im Ruhrgebiet »Vom Kaisergarten zum Revierpark« vor. An diese Gärten und Parks denkt niemand, wenn fernsehkommentiert Schalke, Dortmund und Bochum im »Pott« darum kämpfen, wer erster im »Revier« wird.

Hingegen sieht jeder, wenn die Fernsehkommissare in München Mörder suchen, dass es dort im Süden, in Grünewald, grün ist – Nomen ist Omen. Deshalb ohne große Vorarbeit, sozusagen in der Kontinuität von den Schlossparks in Moers oder Herne-Strünkede über die gründerzeitlichen Stadtparks in Bochum, Bottrop, Duisburg-Meiderich, Essen, Gelsenkirchen, Hagen oder Witten, den Westfalenpark in Dortmund und die Revierparks der 1950er Jahre, kann Ruhr, jetzt noch organisiert vom RVR, die grünste, und damit es auch auffällt, die blumenfarbigste Weltstadt werden. Ein entsprechendes Konzept vereinigt
– eine dauerhafte Gartenschau neuer Art, dezentral verteilt über die Verbandsfläche des RVR und dazu über Düsseldorf und den Kreis Mettmann, wenn sie denn mitmachen;
– die intensivierte Gestaltung der vorhandenen öffentlichen Parks und Gärten;
– die Präsentation von Kleingärten und Grabeland;
– das Interesse der Öffentlichkeit an privaten, aber öffentlich einsehbaren Gärten und Vorgärten,
– die von der Kaufmannschaft blumengeschmückten Stadt- und Stadtteilzentren.
Ein solches Konzept verbindet viele wirtschaftliche und gesellschaftliche Aspekte von Beschäftigungsmöglichkeiten und bürgerschaftlichem Engagement in einer – zumindest angeblich – verunsicherten und schönerweise alternden Gesellschaft im Übergang von der Industrie zu den Dienstleistungen.

Arbeitsplätze im gärtnerischen Bereich in allen Formen des ersten und zweiten Arbeitsmarkts sind gerade für die Jüngeren geeignet, die mit dem Wissen als Beschäftigungsgrundlage nicht so ganz zurecht kommen. Die Patenschaft über Grünsegmente, Verkehrsinseln, Straßenränder in den Stadtteilen trifft gesundheitsfördernde Tätigkeitswünsche mancher Älterer.

Der Elefant im blumenreichen Ruhr holt die Utopie optimistisch in die Wirklichkeit. Mehr Arbeitslose wird es dadurch keinesfalls geben. Weitere und andere Schritte, Aktionen, Planungen, Investitionsentscheidungen von Unternehmen hin zur lebendigen Welt-City sind schwieriger und langwieriger. Aber Anfangen muss nicht schwierig sein, nicht einmal auffällig risikobehaftet. Und Anfangen kann zeigen: es ist möglich, und es wäre »gut« – ein Leben und Arbeiten in der Weltstadt Ruhr.